ホテル・旅館業再興

ポストコロナの経営戦略

株式会社日本ホテルアプレイザル
代表取締役

北村剛史 ［著］

Management and Financial Reforms for V-Shaped Recovery

一般社団法人 **金融財政事情研究会**

ま え が き

　観光庁の「旅行・観光消費動向調査」によると、2019年における日本の観光消費（内部観光消費）は29.2兆円でした。これはGDPの2.0%にあたりますが、その生産波及効果55.8兆円は産出額の1,047兆円の5.3%を占め、間接効果を含めて456万人の雇用を生み出していると推計されています。なかでも宿泊業界は、全国に54万人もの雇用をもたらしています。

　ホテルや旅館の機能は、宿泊にとどまりません。地域の安全拠点としての機能、地域情報を世界に発信し、地域産業を支え多くの機能を有しています。結婚式や周年記念パーティ、同窓会、国際会議、研修等々、大小さまざまなイベントの舞台を提供する役割も担っているのです。

　このように日本の経済・社会にとって重要な産業であるホテル・旅館業界は、2020年に突如世界を襲った新型コロナウイルス・パンデミックにより深刻なダメージを受けました。折しも国は「観光立国」の推進を政策に掲げ、業界は東京2020オリンピック・パラリンピックを前に懸念されていた「ホテル不足」を解消すべく、宿泊施設の新設・拡張投資を積極化させていただけに、反動落ちは甚大でした。

　2022年半ばを過ぎてようやく新規感染者数の増加が頭打ちとなったことから、海外からの個人旅行客の受入れを再開、全国旅行支援など、さまざまな観光需要喚起策の効果もあって、国内の観光地には３年ぶりに人出が戻ってきつつあります。

　宿泊業界としては、このフォローの風に乗り、ぜひとも業績のＶ字回復を図りたいところです。

　しかし、ビフォーコロナと同じ経営戦略が通用しない可能性があります。その理由として、個人旅行客が宿泊施設に求める「安全・安心」のレベルがかつてよりも強くなっていること、世界的なSDGs重視の潮流のなか、日本の宿泊施設も「持続可能性」に着目した品質の証明が求められるようになっていること、パンデミックよる需要急減のような予測がむずかしいリスクを、宿泊施設を自ら経営する所有者や、完全固定賃料方式で施設を賃借して

運営する経営者が一人で負うのは困難であることが明らかになったこと等々があげられます。

　本書では、コロナをはさんで変わった（あるいは変わらなかった）観光産業を取り巻く外部環境を整理したうえで、宿泊施設のＶ字回復実現のためのさまざまな取組みを解説します。宿泊業界が目指すべきそのゴールは、単にこの３年間に失った売上を取り戻すだけではありません。コロナ以前から構造問題といわれていた低い生産性や、人手不足・後継者不足問題、それらと表裏の低賃金体質をあらため、宿泊施設従事者の地位とモチベーションを高めていかないと、日本の宿泊産業の持続的成長はむずかしいと考えます。

　本書を通して観光宿泊業界の回復と正常化、さらには地域の持続的成長に貢献することができれば幸甚です。

　2022年12月

株式会社 日本ホテルアプレイザル　代表取締役社長
株式会社 サクラクオリティマネジメント　代表取締役社長
一般社団法人 観光品質認証協会　統括理事

北村　剛史

目　次

第1章　五輪前景気がコロナ禍で一転、どん底へ

第1節　コロナ前夜まで順調だった「観光立国」への道 ················· 2
第2節　山高ければ谷深し——コロナ禍が直撃 ···························· 8

第2章　個人客の安全・安心ニーズに応える宿泊施設の品質

第1節　観光ニーズの変化と宿泊施設の選択方法 ····················· 14
第2節　カスタマーエクスペリエンスが問われる個人市場 ·············· 23
第3節　無視できない地域側のツーリズムフォビア ···················· 28
第4節　宿泊施設の客観的評価手段
　　　　——個人顧客には参考にしにくい格付け ···················· 31
第5節　宿泊施設におけるSDGsへの取組み ·························· 35

第3章　ホテル・旅館業の財務リストラクチャリング

第1節　1年ももたない資金繰り ···································· 42
第2節　宿泊施設の運営スキーム ···································· 43
【コラム】　コロナ禍で活発化した資産売却によるオフバランス化 ········· 46
【コラム】　GK-TK（合同会社匿名組合）方式によるリスクマネーの導入
　　　　　 ·· 51
第3節　所有と経営の分離のメリット ································ 54

第4章　不動産賃貸借契約・運営委託契約のポイント

第1節　不動産賃貸借契約 ·· 60
【コラム】　オーダーメイド賃貸解約後のリテナント不調リスク ··········· 67

【コラム】　オーダーメイド賃貸の賃料増減額請求権 ···················· 70

第2節　運営委託契約 ··· 80

第5章　運営形態別の収支シミュレーション

第1節　オフバランスシート後のNCF ······················· 86

第2節　マーケット分析のケーススタディ ··················· 97

第3節　ホテルの収支構造と競争力フォーキャスト ··········· 104

第6章　宿泊施設のデューデリジェンス

第1節　財務リストラクチャリング実施時における調査ポイント ····· 122

第2節　宿泊事業リスクの見極め ························· 135

【コラム】　旅館の伝統的事業特性 ······················ 150

第7章　ポストコロナのV字回復に向けて

第1節　ハイブリッド型賃料へのシフト ··················· 152

第2節　生産性向上への取組み ························· 156

【コラム】　業務委託先の人手不足問題 ··················· 159

第3節　専門職業家への意識改革 ······················· 159

【コラム】　フロントアピアランス ····················· 161

第4節　組織内コミュニケーション ····················· 163

第5節　一般宴会・レストラン部門サービス改善策 ··········· 165

【コラム】　宴会場の魅力向上策 ······················· 169

Appendix 1　コロナ禍とホテル・旅館業界

1．新型コロナウイルスの感染拡大と宿泊・旅行業界への影響 ········ 172

2．観光関連産業活動指数の動向 ……………………………………… 176

3．宿泊事業に対する支援メニュー ………………………………… 177

Appendix 2　常態化した宿泊施設の感染症対策

1．ウィズ・ウイルスがニューノーマルに ………………………… 186

2．感染症対策の3ポイント ………………………………………… 192

著者紹介 …………………………………………………………………… 203

第**1**章

五輪前景気が
コロナ禍で一転、
どん底へ

コロナ前夜まで順調だった「観光立国」への道

中国・アジアの成長とともに訪日客が急増

　2023年は、小泉元首相が日本の成長戦略の柱に観光産業を位置づけた「観光立国宣言」から20年目の節目を迎えます。2007年の観光立国基本法制定、2008年の観光庁発足を経て、訪日外国人旅行者数1,000万人を目標に掲げたビジット・ジャパン・キャンペーンの実施、そして何よりも2013年に2020年東京オリンピック・パラリンピックの開催が決定したことで、観光立国宣言後の日本の観光・宿泊産業を取り巻く環境は大きく変わりました。すなわち、これまでの国内観光やビジネス需要を中心とした市場に、巨大なインバウンド需要を取り込むことに成功しつつあったのが、コロナ直前の状況でした。

　当時、特にインバウンド需要拡大に大きな影響を与えたのは、いうまでもなく中国です。1997年に「中国公民自費出国旅游管理暫行弁法」が制定され、中国人の自費による国外旅行が解禁されました。団体観光旅行の目的国・地域は政府によって指定されていましたが、日本旅行については、北京市と上海市、広東省の住民に対して2000年に団体観光ビザの発給が解禁されました。さらに2004年9月には遼寧省、天津市、山東省、江蘇省、浙江省の1市4省に解禁対象が拡大され、2005年7月からは中国全土が対象となりました。折しも日本では前述のとおり観光庁が発足し、2009年7月、「十分な経済力を有する者」という要件を満たす富裕層に限って中国人向けの個人観光ビザを解禁します。その後さらなる訪日中国人増と消費拡大への期待から、2010年7月には「一定の職業上の地位および経済力を有する者」（中間層）へと要件が緩和されたことで、中国からの旅行客が日本のインバウンド

市場を力強く牽引してくれました。

　この頃、中国以外のアジア諸国でも経済成長とともに、各国で海外旅行熱が高まりました。１人当りのGDP水準と人口当りの海外旅行者数とは強く関係しており、１つの目安として、１人当りGDPが5,000ドルを超えると国際観光をしてみたいと考える人が増え始め、２万ドルを超えると、その国からの海外旅行者が訪問先を変えてリピーター化していくという分析があります（みずほ銀行産業調査部「MIZUHO Research&Analysis／1 Ⅴ. 社会的ニーズへの対応を通じた新たな需要創出」（2016年５月10日））。新型コロナウイルス感染症がまん延する以前のアジア市場をみると、１人当りGDPが5,000ドルを超え（あるいは達しそうな）国は、マレーシア、タイ、中国でした。また、２万ドルを超えている（あるいは間もなく達しそうな）国・地域は、シンガポール、韓国、台湾でした。都市別で5,000ドル／人を超えている（同）のが、ジャカルタ、ホーチミン、マニラ等で、２万ドル／人超の（同）都市はクアラルンプール、香港でした。つまり、コロナ直前において、マレーシア、タイ、中国では、国レベルで国際観光時代を迎え、さらにリピーター市場については、シンガポール、韓国、台湾、クアラルンプール、香港の旅慣れた観光客が日本を訪れる状況にありました。

　ちなみに2010年のアジア地域における国際観光者数は9.4億人でしたが、その５分の４に当たる7.2億人が日本をはじめアジア圏内で観光しています。円相場も、東日本大震災後に100円を大きく下回り円高基調に振れましたが、その後は110円前後で安定的に推移しました。国際観光目的地としての日本は、2013年頃から次第に割安感を感じることのできる環境が整いました。中国人による大量の買い物を表す「爆買い」は、2015年の「ユーキャン新語・流行語大賞」に選ばれました。東日本大震災が発生した2011年からコロナ禍前の2019年にかけて訪日外客数は、年平均22.7％増という急激な伸びを記録したのでした。

国内の宿泊客は横ばいから微増で推移

　他方、国内における宿泊観光旅行者数は、1990年代初めのバブル経済崩壊

以降、企業旅行等が減少した影響等により縮小の一途をたどった後、10年以降はおおむね横ばいで推移してきました。この間、ビジネス目的の出張・業務における延べ宿泊旅行者数に大きな変動はなく、横ばいで推移しています。

　一方、国内旅行にかける消費額は、2009年を底として増減を繰り返しながらも増加基調で推移しました。「旅行動向見通し（JTB）」によると、国内旅行総消費額は、消費税増税の落ち込みを挟みながらも、2009年の9.2兆円から2017年の10.5兆円へと緩やかながら増加基調で推移した後、自然災害の発生を背景とする旅行者数の減少により2018年10.2兆円、2019年10.4兆円と微減となっていましたが、1人当りの平均消費額は、2009年の3万1,900円から2019年の3万6,600円へと増加基調で推移していました。

　国内ビジネス需要である出張・業務における延べ宿泊者数は、前述のとおり、多少の景気変動を伴うものの、2011年以降はおおむね横ばいで推移しました。2018年は大型の自然災害等の影響等を受け減少しましたが、2019年には2017年と同水準まで回復しています。年齢は30代〜50代が全体の72％を占め、男性が82％を占めていることも、国内出張・業務関連宿泊ニーズの特徴といえます。

訪日客の6割超がリピーター

　話をインバウンド需要に戻し、その特徴をもう少しみてみましょう。

　世界人口の増加と途上国の経済的な発展を背景に世界の国際観光客数は、1990年以降、年平均4.3％（5,000万人増）のペースで成長していますが、特に「アジア・太平洋」および「中東」がシェアを拡大させました。そのなかにあって、2018年におけるアジア諸国内での順位でみると、日本は中国、トルコ、タイに次ぐ4位に位置しました。観光庁が実施する訪日外国人に対するアンケート調査からは、個人旅行化／リピーター化が加速している状況がうかがえます。2019年調査においては団体ツアー以外の個人旅行の比率は、75％を超え、訪日外客全体の65％を訪日2回目以上のリピーターが占めたのです。

これらリピーター客を主なターゲットに、観光庁を中心に日本滞在中の体験に共通テーマやストーリー性をもたせ、何日にもわたる滞在を促す広域観光周遊ルートを策定するなど、これまで大都市集中から地方分散へのシフトを推進してきました（図表1－1参照）。新型コロナ水際対策としての入国制限が撤廃された後のインバウンド観光市場の主役は、個人となると予想されています。モデル化された周遊ルートが、地域の重要な観光地をつなぐルートブランディング、つまり、内外の観光客、とりわけコロナ前に訪日したことのある海外からのリピーターに対して、新たな体験コンテンツをストー

図表1－1　広域観光周遊ルート形成計画認定状況

No.	広域観光周遊ルート形成計画概要	実施主体	認定日
1	アジアの宝　悠久の自然美への道　ひがし　北・海・道	「プライムロード　ひがし　北・海・道」推進協議会	2015年6月12日認定
2	日本の奥の院・東北探訪ルート	東北観光推進機構	
3	昇龍道	中部（東海・北陸・信州）広域観光推進協議会	
4	美の伝説	関西広域連合、関西経済連合会、関西観光本部	
5	せとうち・海の道	せとうち観光推進機構	
6	スピリチュアルな島〜四国遍路〜	四国ツーリズム創造機構	
7	温泉アイランド九州　広域観光周遊ルート	九州観光推進機構	
8	日本のてっぺん。きた北海道ルート	きた北海道広域観光周遊ルート推進協議会	2016年6月14日認定
9	広域関東周遊ルート「東京圏大回廊」	関東観光広域連携事業推進協議会	
10	緑の道〜山陰〜	山陰インバウンド機構	
11	Be.Okinawa　琉球列島周遊ルート	Be.Okinawa　琉球列島周遊ルート形成推進協議会	

出所：国土交通省「観光インバウンド」（2017年11月16日）

リーとして伝える周遊ルートとして機能することが期待されています。

出入国空港も地方分散の流れ

　次に訪日外客の空の玄関口である空港別の2019年における入国者数シェアをみると、成田国際空港、関西国際空港（関空）、東京国際空港（羽田）の3空港が70％近くを占めていますが（図表1－2）、2013年との比較では成田の縮小、関空および那覇の拡大が特徴的でした。また、成田と羽田が主体の首都圏空港の離発着回数はほぼ飽和状態にあり、中部国際空港のLCC（格安航空会社）受入態勢の強化、福岡空港や那覇空港の滑走路増設等も要因に、地方空港への分散化が進みつつありました。

図表1－2　2019年の空港別入国者数

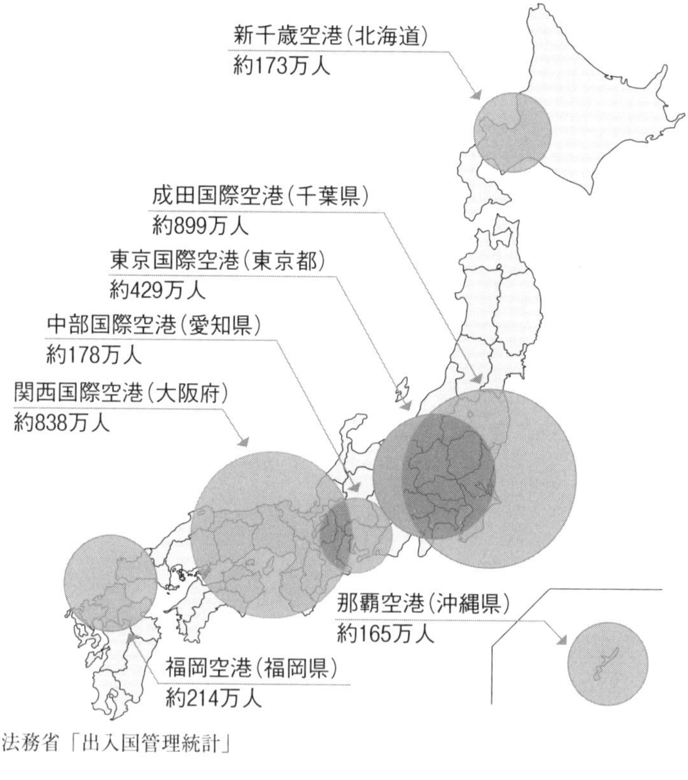

新千歳空港（北海道）
約173万人

成田国際空港（千葉県）
約899万人

東京国際空港（東京都）
約429万人

中部国際空港（愛知県）
約178万人

関西国際空港（大阪府）
約838万人

那覇空港（沖縄県）
約165万人

福岡空港（福岡県）
約214万人

出典：法務省「出入国管理統計」

それが、コロナ禍によって、２年半にわたり厳しい入国制限が課されていたことから、これまでリピーター化が進んでいたインバウンド市場の地方分散化は、いったんリセットされてしまいました。中長期的には、地方空港への分散化の流れにあると思われるものの、これからの数年間は、あらためてゴールデンルート（東京～大阪間）に集中する可能性があります。

ホテル開業が全国的ブームに

　訪日外客の増加は、当然、旅館・ホテル業界に活況をもたらしました。観光庁が公表する「宿泊旅行統計調査」によると、ビフォーコロナのピークであった2019年の延べ宿泊者数（全体）は、５億9,592万人泊（前年比＋10.8％）でしたが、このうち外国人延べ宿泊者数が１億1,566万人泊（前年比22.7％増）と、調査開始以降最高を記録しました。また、2019年の客室稼働率は全体で62.7％でしたが、施設タイプ別でみたビジネスホテル（75.8％）、リゾートホテル（58.5％）、旅館（39.6％）が、2010年の調査対象拡充以降の最高値となりました。主要宿泊マーケットにおいて、客室不足（客室需要量＞客室供給量）の状態が当分の間続くとみられていました。

　その受け皿となるホテル・旅館業界においても、2015年頃から盛り上がってきたインバウンド宿泊需要に応えるべく、新規開業、リノベーションと事業拡大が大変な勢いで進められました。ホテル経営会社は施設のオーナーから要求される固定賃料が多少割高でも受け入れ、不動産賃貸借方式で新規ホテルを出店する動きが活発化しました。その結果、全国の多くの使用されていない土地や建物を再活用する用途として、一躍「ホテル」が脚光を浴びるようになりました。

　４章で詳しく説明しますが、ホテル・旅館事業の経営者が負担できる賃料は、事業の収益力と連動します。インバウンド需要の高まりによる収益増期待から賃料も高騰しました。当時は、固定賃料で締結されたホテル開発事例が多くみられましたが、それはホテル・旅館業界の好ファンダメンタルを背景に、賃借人もまずは出店することを最優先した結果といえます。厚生労働省の「衛生行政報告例」によると、2017年度のホテルの客室数68万8,342

室、旅館の90万7,500室の合計159万5,842室から、2019年度は合計で170万7,078室と、実に11万1,236室（約＋7％）と大幅な増加となりました。

山高ければ谷深し
——コロナ禍が直撃

2020年の宿泊者数、前年の2割に激減

　日本政府観光局（JNTO）が2019年の訪日外客数は3,188万2,000人（推計値）と発表し、東京オリンピック・パラリンピックが開催される2020年には政府目標の4,000万人を突破するのは間違いないとみられていた同年1月、突然の厄災が世界の観光業界を襲います。新型コロナウイルス・パンデミックです。

　2019年暮れに中国で確認された新型コロナウイルスは、日本では2020年1月に最初の罹患者が発生します。当初は、毒性や伝播性についてまだよくわからない状況でした（ヒト−ヒト感染はないともいわれていたぐらいです）。しかし、中国からヨーロッパ、米国に感染が拡大したことからWHO（世界保健機関）のテドロス事務局長は、新型コロナウイルス感染症がパンデミック（世界的大流行）に入ったとの認識を公式に表明します。

　この時点で4カ月後に迫っていた東京オリンピック・パラリンピックをどうするのか。それまで予定どおりの開催を繰り返し主張してきたIOC（国際オリンピック委員会）のバッハ会長は安倍首相と電話会談を行い、五輪の1年程度の延期を決めます。この瞬間、2020年の訪日観光客数の政府目標4,000万人、訪日外国人旅行消費額を8兆円という、皮算用は破綻します（この時点では「後ろ倒し」のはずでしたが）。

　4月に入ると、日本国内でも感染防止対策が強化されます。4月3日、入

管法に基づき入国拒否を行う対象地域として49カ国・地域を指定、7日には、東京、神奈川、埼玉、千葉、大阪、兵庫、福岡の7都府県に対して最初の緊急事態宣言が発令されます。

　以後、新型コロナウイルス感染症は、変異と流行を繰り返し、発生から2年半を経ても終息のメドはいまだ立たず、人々の行動制限を求める緊急事態宣言も4回を数えました（2020年1月〜2022年10月の国内における新型コロナウイルスの感染拡大の状況と主に観光業界に関係する国や自治体の対策を巻末のAppendix 1にまとめていますのでご参照ください）。

　感染症拡大防止の基本は人の行動、特に「移動」と「飲食」の制限です。どちらにも深く関係する観光業界は、コロナ禍によって甚大な影響を受けることになりました。

　観光庁の「宿泊統計調査」によると、2020年の延べ宿泊者数は、前年比44.3％減少し、客室稼働率もあらゆる施設タイプで記録的な下落となりました（図表1−3、1−4参照）。特に外国人の減少は著しく、外国人延べ宿泊者数は前年比82.4％減の2,035万人、延べ宿泊者全体に占める外国人宿泊者の割合は、前年の19.4％から6.1％に縮小してしまいます。

図表1−3　述べ宿泊者数の推移

（百万人泊）

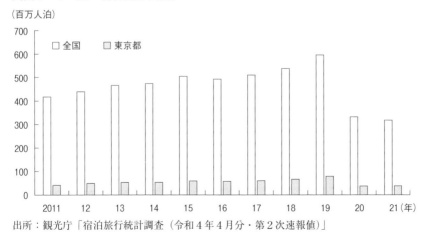

出所：観光庁「宿泊旅行統計調査（令和4年4月分・第2次速報値）」

図表1－4　客室稼働率の推移

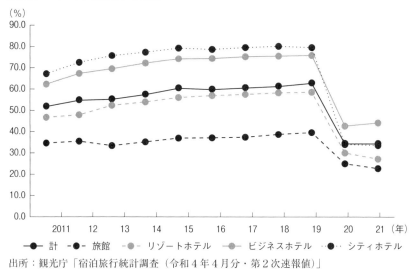

出所：観光庁「宿泊旅行統計調査（令和4年4月分・第2次速報値)」

コロナ倒産等で2万余の客室が消失

　宿泊旅行者の急減は、当然ながら宿泊施設の経営を直撃しました。日本旅館協会が毎年公表している「営業状況等統計調査」をみると、1軒当りの総売上高は、2018年度の8億2,412万円から、2019年度6億8,250万円、2020年度4億4,513万円と縮小し、経常黒字を計上できた施設は2018年度の64.5%から2019年度51.5%に減少、2020年度には32%と全体の3分の2が赤字という状況に陥りました。

　帝国データバンクの調べによると2020年の旅館とホテルの倒産件数は前年の66件から118件に急増。翌2021年には70件と大幅減となりましたが、これは2020年後半の「Go To トラベル」による一時的な需要回復もありましたが何よりも、主因は金融機関による金融支援や、雇用調整助成金の支給など各種支援策によるものとみられています（帝国データバンク「旅館・ホテル経営業者の動向調査（2021)」より）。一方で旅館・ホテルの休廃業・解散件数は174件と前年から3割以上増加、過去5年で最多となりました（同調査）。新

型コロナウイルス感染収束が見通せないなかで、営業継続を断念する事業者が増えました。

　当社（日本ホテルアプレイザル）が公表データから独自に推計した閉館、自主廃業、倒産等による消失客室数は、最初の緊急事態宣言が発令された2020年4月から急増しています（図表1－5）。同年1月1日から2022年3月1日までの累計値では、公表され判明しているものだけでも2万3,294室に達します。厚生労働省の「衛生行政報告例」によると、2020年3月末時点の宿泊施設客室数合計は170万7,078室でしたから、コロナ禍を受けて1.36％の客室が消失してしまったことになります。

　新型コロナ禍で業績が悪化した中小企業の資金繰りを支援するため、政府系金融機関や民間金融機関が実質無利子・無担保で貸し付ける「ゼロゼロ融資」は、多くの「旅館・ホテル」に利用され、倒産を食い止めました。

　しかし、本業が不振にあえぐなかの借入れ増加により、長期借入金と短期借入金の合計が総資本に占める割合は7割を超え、企業の安全度・健全度を示す最も重要な指標である自己資本（純資産）比率は2021年度に13.4％と前年度比4.2ポイント低下、特に大規模施設では8.7％ポイントと深刻な低下となりました（日本旅館協会「営業状況等統計調査」）。

　第7波の新規感染者数の減少傾向が鮮明になってきた2022年10月、国は感染防止のための水際対策を大幅に緩和し、個人の外国人旅行客の入国を解禁。同時に全国旅行支援（全国旅行割）が開始、内外の観光客が一斉に動き始めました。ホテル・旅館業界にとって待ちに待った展開ですが、11月に入ると感染「第8波」への警戒が高まる一方で、ゼロゼロ融資の返済もこれから本格化します。今後は、ウイズコロナを新常態として、戻ってくる内外の観光客を万全の体制で受け入れ、自ら成長し、地域の発展に貢献していけるだけの財務体質の強化がすべての宿泊施設に求められていくことになります。

図表 1 - 5　ホテル・旅館の閉館・自主廃業・倒産客室数の推移

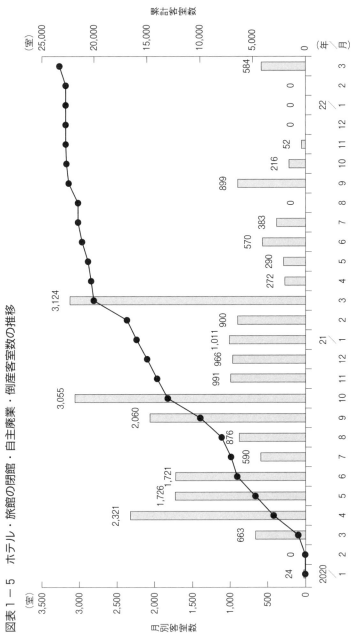

出所：筆者調べ

第 2 章

個人客の
安全・安心ニーズに
応える宿泊施設の品質

観光ニーズの変化と宿泊施設の選択方法

　「全国旅行支援」が始まった2022年10月、大手旅行会社のコールセンターや予約サイトは、「支援」対象商品の予約でどこも大変賑わいました。

　一方で、当社が同月に実施した調査からは、日本人の観光や、宿泊施設に対するニーズがコロナ禍を経て変化していることがうかがえます。コロナ禍に耐えた宿泊施設が、観光需要回復の波に乗って業績のＶ字回復を果たすためには、利用者の現在のニーズを把握し、的確に対応していくことが重要です。また、３年前までインバウンドを中心にした多くの来訪客がおおいに地元経済を潤してくれていた地域であっても、海外に由来し人の移動とともに全国に伝播したコロナ・パンデミックを経験したことで、すべての人が諸手をあげて観光客が戻ってくるのを歓迎しているわけではないことを理解する必要があります。

　本章では、まずコロナ禍を経て、日本人の旅行意欲と目的がどのように変わったかを概観します。そのうえで、「これからはこういう施設を利用したい」という宿泊施設に対するニーズ、ならびに観光客受け入れ再開に対する地域の人々の本音を探ります。

近場から回復する国内観光

　最初の緊急事態宣言の終了がみえてきた2020年５月下旬に当社が実施した２つのインターネットアンケート調査結果から、移動制限後の日本人の旅行ニーズを振り返ってみましょう。

　まずは、全国１万人に対する旅行ニーズ調査結果をみてみます。旅行に行ってよい環境になれば、「ぜひ行きたい」との回答割合が46.2％、「行きたい」が21.7％でした。また、特に20代、30代の旅行意欲が強いという結果で

した。コロナで行動が制限されたことで、旅行願望が高まっていることがうかがえます。

　次いで、この1万人中、旅行に「行きたい」と積極的な姿勢を示した回答者のなかで200人を無作為に抽出してその旅行形態や顧客像を調べてみました。

　まず、距離圏については、200キロ圏域以上でもよいとの回答割合が56.5％という結果でした。ただし、年齢が上がるほど「海外旅行でもよい」との回答が減少していました。また女性の18％ができるだけ近場がよいと回答していました。

　交通手段についての質問では、全体の88％がクルマ（自家用車）移動を支持する一方、バスについては全体の37％が敬遠したいと回答、特に女性の不支持は49％にのぼりました。コロナ禍が一段落し、全国旅行支援の販売状況をみると、長距離移動やバス等公共交通機関の利用への懸念はやや低下しているようですが、かつてのような集合型団体旅行から、小規模かつ分散型観光に個人旅行の主流がシフトするとみてよいでしょう。

　観光の際の同伴者については、両親と子供の3人以上という回答が多く41％という結果でした。特に30代から50代で50％を超えています。一方で20代、60歳以上では3人以上が20％台という結果でした。特に30歳から50代をターゲットとする場合には、ファミリー対応と安全・安心の取組みとその情報発信が重要となることが推測できます

　料金については、以前より多めに支払ってもよいとの回答割合が35.5％で、少なめに支払いたいとの回答15％を上回る結果でした。

　上記のとおり、今後旺盛な観光需要が期待できるものの、2020年度ではその動きはやや鈍く、最初は20歳から30代、その後に移動手段等も勘案しつつ、40歳以上が動き出すと予測しました。旺盛な観光ニーズを背景に全体としては旅行希望先の距離圏は比較的広いものの、女性からは近場を求める声が多く聞かれました。ファミリーでの移動が多く見込まれるほか、感染症拡大防止対策と同時に、これまでどおりの手厚いサービス提供を求めているようすがうかがえました。

癒やしを求めてホテルよりも旅館

　宿泊施設の選択に至る顧客行動（全国200人対象）を調べてみると、温泉や食事、おもてなしを含む環境の癒しを求めてか、ホテルよりも和風旅館に対するニーズが上回っています。

　次いで、旅行先のエリアや地域と宿泊施設のどちらを先に考えるかを調べたところ、宿泊施設よりも先に旅行先のエリアや地域を選ぶ人が64.5％という結果でした。同時に考えるという回答32％を大きく上回っていました。これに対して、行きたい宿泊施設を先に考えるという回答は3.5％でした。

　訪れる地域を決定した後に、宿泊施設を探す人の具体的な選択行動のパターンをさらに深掘りします。ここで宿泊施設の選択にあたって、5件程度に対象施設を絞り、その後最終的に1件を選択すると想定し、①5件に絞る際に利用する情報源と、②最終決定で利用する情報源を調べてみました。

　5件程度に絞り込む際の情報源として、オンライン・トラベル・エージェント（OTA）の人気ランキングを「大変重視する」という回答が24.5％、また最終的に決定する際には、清潔感や安全性を含め信頼できる格付け等の情報がある場合にはその情報が27.5％、口コミが26％という結果でした。

　後者については、新型コロナウイルス感染症への心配が続くなか、人気ランキングや利用者同士の口コミでは、なかなか施設の清潔感や安全性に関する十分な情報を得にくいことから、格付けなど客観的な品質評価情報を参考にしたくなるという背景があるようです。

　人気ランキングは男性よりも女性のほうが重視する傾向にあり、特に20代女性の50％が重視しています（20代男性は40％）。格付け等の情報もやはり女性が重視する傾向にあり、40歳以上で多くの支持がみられます。なお、女性は「観光インフルエンサー」が発信するSNS情報を重視するといわれています。選ばれる施設側もこうした選ぶ側の特徴を理解したうえで、的確に情報発信する必要があります。

　たとえば、従来以上に、口コミ管理を徹底するとともに、安全性や安心感に関する情報を、能動的にしっかりと顧客に伝えていくことも大事です、消

毒や換気など、施設の努力を印象づけやすい動画を使用した情報発信も有効
と考えられます。

コロナ禍でも変わらない旅行の目的

　コロナ禍で急激に縮小した観光市場は、2020年以降、個人の国内旅行を中
心に、回復基調に入りました。今後の宿泊事業運営では、個人市場を前提
に、個人顧客ニーズや行動パターンを理解したうえで、市場ニーズに合致し
たブランディング、情報発信、サービスコーディネートが求められます。

　当社では、（2020年5月時点で）今後旅行が可能となれば、どのような目的
で行きたいかについて、10種類の目的を提示し、それらの希望度を調べまし
た。その結果、上位に「おいしい食事」「心理的にリラックス」がランクイ
ンしました。この「心理的リラックス」は、「天然温泉につかりたい」や
「絶景や美しいものをみたい」「保養、リフレッシュしたい」などからもたら
されると考えられます。

　また、コロナ禍以前の旅行の目的と、コロナと共存する時代の旅行目的を
インターネットアンケートにより聞き取り、比較しました。調査では設問に
ある複数の旅行目的に対して「強くそう思う」から「まったくそう思わな
い」までの7段階で評価してもらいました。その結果、旅行の目的として、
依然とほぼ変わらず大きなニーズを集めているのが、「おいしい食事がした
い」であり、「強くそう思う」「そう思う」を合わせて67％に達しました。次
いで「そこでしか食べられないものが食べたい」が同55.5％、「天然温泉に
つかりたい」が同54％、「楽しい思い出をつくりたい」が同53％、「絶景や美
しいものをみたい」が同52％と過半数の支持を集めています（図表2-1）。
また、「素敵な客室に泊まってみたい」も多くの支持を集めました。

　一方で、現実には新型コロナウイルスの感染対策の一環として、当面の間
ブッフェ提供が制限されており、また、消毒が困難な天然温泉は利用できな
い場合もあります。食事や入浴などコロナ後であっても引き続き強いニーズ
のあるサービスについては、万全の感染症対策を明示して提供することで、
期待を充足させていく必要があります。

図表2－1　コロナ禍を経た旅行の目的の変化

（単位：％）

旅の目的	「①強くそう思う」「②そう思う」の回答結果			
	以前①	以前①＋②	現在①	現在①＋②
おいしい食事がしたい	32.5	67.5	34.0	67.0
そこでしか食べられないものが食べたい	23.0	60.0	25.0	55.5
天然温泉につかりたい	23.0	56.5	25.5	54.0
楽しい思い出をつくりたい	31.0	64.0	29.0	53.0
絶景や美しいものをみたい	31.5	61.0	26.5	52.0
素敵な客室に泊まってみたい	19.5	47.5	21.0	49.0
保養、リフレッシュしたい	22.0	56.5	21.0	47.0
自然の壮大さに触れたい	22.5	52.0	19.5	47.0
贅沢してみたい	18.0	45.0	21.5	45.5
非日常感に浸りたい	22.5	50.0	19.5	44.0
家族や同伴者との絆を深めたい	18.5	42.0	18.0	40.0
人気観光地をみてみたい	22.0	48.0	16.5	39.5
四季を楽しみたい	16.5	43.5	17.5	39.0
行ったことがない史跡や遺跡、歴史的建造物をみたい	17.5	46.0	16.5	39.0
ドライブを楽しみたい	13.5	34.5	16.0	36.0
観光地めぐりがしたい	20.0	43.5	14.5	36.0
森林に囲まれるところに行きたい	12.5	31.0	12.5	36.0
オーシャンビーチ付近に行きたい	11.5	33.0	14.0	35.0
おめかしして出かけたい	10.5	29.5	13.5	34.0
テーマパークやレジャーを楽しみたい	13.0	35.0	13.5	31.5

　再整理すると、なぜ人は旅に出たいかという旅行の目的は、コロナ禍を経てもそれほど変わっていないことがわかります。ただ、そのなかで最近指摘

され、業界において共感されているのが、かつて強かった自分や家族、親しい人への「ご褒美旅行」の性格よりも、ウィズコロナ・ポストコロナにおいては、「疲れを癒す、明日に向けて心身ともに元気になれるような旅行」を求める人が増えているという見方です。

「安心感」をもたらすサービス要素

　顧客は、これから迎えるポストコロナ時代において、従来まで以上に「安全」「安心」に着目するはずです。コロナ禍以前から、宿泊施設に求められる品質で軸となるのは「心理的な安心感」でした。それを支える安全性が深まり、安心感とともに昇華することで強く伝わってくるホテルや旅館の「誠実さ」こそが、宿泊施設に最も求められる品質となるといえます。

　ポストコロナ時代では、これまで以上に個人市場が中心となるでしょう。その個人市場の特性を理解することなくして、効果的な品質向上は実現できません。

　そこで以下では個人市場の顧客ニーズと、その特性を整理します。

サービスを「人格化」し、個人市場に訴求する

　図表2－2は、個人顧客が宿泊施設のサービスについて、どういうところに「安心感」を抱くかを尋ねた結果です。巻末のAppendix 2で具体的な対策を解説していますが、「清潔感」「丁寧さ」「安全・安心」が、コロナ後にあっては必須のサービス要素となります。

　宿泊施設の利用者の心理的安心感は、5つの要素からなります。各サービス要素に顧客視点を取り込むほど「共感性」を帯び、また、充足された下位要素が累積して上位要素が輝くという階層構造がみられます。つまり、どれほど素晴らしい「共感性」と「積極性」があるサービスで、個々の顧客の異なるニーズに対応した「シーンメイク」を行う力があっても、清潔感が感じられないような場合には、顧客に対して、「心理的な安心感」を与えることができず、評価されないということになります。

　このように、「清潔感」「丁寧さ」「安全・安心」を充足することが必須で

図表2−2　宿泊施設利用者の安心感を支える要素

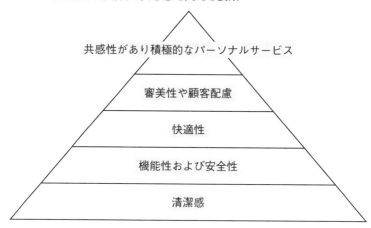

共感性があり積極的なパーソナルサービス

審美性や顧客配慮

快適性

機能性および安全性

清潔感

図表2−3　利用者が宿泊施設に安心感を抱くサービス要素

（単位：％）　　　　　　　　　（単位：％）

1	清潔感	90	11	積極性	82
2	丁寧さ	88	12	業務専念	79
3	安全・安心	87	13	共感性	78
4	快適性	87	14	情報提供	74
5	維持管理	86	15	環境配慮	73
6	正確性	86	16	地域文化性	64
7	迅速性	84	17	意匠性	61
8	プライバシー	84	18	バリアフリー	57
9	機能性	82	19	海外対応	54
10	顧客配慮	82			

すが、そのうえで、それ以外の要素について適切に管理し、向上させること
で、施設の利用者に「誠実性」をアピールできるはずです。もちろん、「誠
実」というのは、人が他人に対する振る舞いににじみ出る美質を指す言葉で
す。しかし、スタッフ全員が組織的な管理のもと、それぞれの立場でハイレ

ベルなサービスを提供する施設に滞在した多くの人は、施設自体をあたかも身近な「人」のように感じるものです。そして気に入った人であればもう一度会いたい（再訪したい）、知人や友人に紹介したいと思うのと同じ感情を宿泊施設にも抱く傾向が、当社の調査から浮かび上がっています。

　この、いわば人格化する対象をホテル・旅館の設備や場所（シーン）に細分化し、そこに備置するアイテム等によって、利用者が無意識に期待するパーソナリティに近づけることが可能だと私たちは考えています。

　利用客の心理に影響を与える人格コーディネートには、ブランディング、支配人の人格特性（性格）、接したスタッフの印象、などがありますが、いちばん簡単な「男女別」の人格コーディネートを例にとりましょう。私たちの調査によると、宿泊部門では女性の質感が好感され、バーは男性の質感が望まれます。料飲施設はカテゴリー次第で異なるほか、宴会部門は男性の質感が望ましいと分析しています。

　また、あるときの調査で、どういうアイテムが「女性的」と感じるか質問してみました。図表２−４はそのシーンと「女性印象比率」です。

　逆に「男性印象比率」が高まるサービスアイテムは図表２−５のとおりです。

　大規模集合型観光から、小規模分散型観光へのシフトが加速すること予想されるポストコロナ時代においては、宿泊施設の人格コーディネートが、とりわけホテルの質感や印象形成に大きな影響を与えます。個人市場向けブランディング戦略としても重視されるべき視点といえます。

　当社の調査によると、宿泊施設の品質の根幹にある「安心感」や「誠実性」を感じるほど、女性の質感が向上することがわかっています。レストランやバーについては、それぞれのカテゴリーにより、どちらが望ましいということはないかもしれません。それでも、宿泊部門においては、やはり「清潔感」「快適性」「こまやかな配慮」等を連想させる「女性の質感」が非常に重要ではないかと考えています。また、一方で、宴会部門では、安全性の確保等、やや男性よりの性格特性を帯びさせることも重要と思われます。

図表2－4　女性的な印象を与えるサービスアイテム

（単位：％）

アイテム	女性印象比率
・ロビースペースにアロマが香る	76
・客室通路にアロマが設置されている	75
・朝食でデザートが多い	74
・ロビースペースに花が設置されている	71
・バスルームには小型タオルがある	66
・フロントスタッフの多くが女性である	61
・リネン類への徹底したこだわりがみられる	61
・朝食に豊富なサラダ類がつく	59
・客室まで女性スタッフがアテンドする	52
・化粧用ミラーが設置されている	51
・食材に効能が記載されている	48
・客室内がきわめて清潔である	45
・スリッパが履きやすい	42
・環境配慮が徹底されている	34
・朝食でパン類が豊富に提供されている	32
・バスルームのアメニティがミニチュアボトルである	32
・朝食でチーズが豊富に提供されている	28
・エレベーター内にBGMが流されている	22
・ルームサービスが提供されている	22
・ロビーにBGMが設置されている	20

図表2-5　男性的な印象を与えるサービスアイテム　　　　　（単位：％）

アイテム	男性印象比率
・ドアマンが設置されている	64
・館内にレベルの高いバーがある	48
・客室までのアテンドが男性である	38
・ホテルの外構が汚れている （※逆に外構が徹底して綺麗である場合は女性印象比率が31％となる一方で、男性印象比率が低下する）	33
・客室内シャワーの水圧が高い	30
・客室内に充実したミニバーが設けられている	30
・客室内にワインオープナーが設置されている	22

第2節　カスタマーエクスペリエンスが問われる個人市場

　サービスの質的向上などを通じた好印象の形成は、宿泊施設が仕掛けるカスタマーエクスペリエンス向上策の一環と言い換えられます。つまり、「旅マエでの予約段階から、チェックイン、さまざまな滞在体験を経た後のチェックアウト、そして旅後の思い出」という時系列に沿って個人客の期待を正しく把握し、その充足最大化に努めることで見込み客を顧客化していく戦略です。消費者が商品やサービスを知り、いろいろと比較する過程で、すでに買った人のレビューや格付けを参考に購入し、自分で使ってみた経験をふまえて、次もリピートするか、それとも別のブランドに移っていくかに至る行動を、マーケティングの世界では、「カスタマージャーニー（顧客の旅）」と呼びます。以下、まさに旅行に行く前から、帰ってくるまでのカスタマージャーニーにおける顧客とのタッチポイントで、いかに顧客の期待値

を高め、満足させていくか、そのための要諦をあげていきます。

尻すぼみよりも右肩上がりの経験を

　個人旅行の目的地は１カ所ではなく、複数の観光地間を移動するのが一般的です。当社は、全国の男女200人を対象に、宿泊施設や観光素材など、観光地としての魅力が同程度の３カ所（A＝B＝C）を歴訪する行程①、次第に魅力が増す先に移動していく行程②（A＜B＜C）、逆に最も魅力的な場所から回る行程③（C＞B＞A）の３行程を想定してもらい、どの行程を選びたいかを尋ねました。すると、最も多い35.5％の支持を集めたのは行程②（A＜B＜C）、ついで行程①（A＝B＝C）が35％、行程③は29.5％という結果でした。つまり、もし読者が観光地として３カ所のうちで最も魅力的なCの宿泊施設の経営者だとすると、いくら最初の滞在地として素敵な経験をしてもらっても、だんだん尻すぼみになる行程③の場合には、旅を終えた顧客の旅行全体への印象もパッとしないという可能性が、行程①や行程②よりも高いと判断できます。

　このように、複数日程での観光客の旅行全体についての満足度が、自施設だけではなく、旅マエの訪問地、宿泊施設の選定から始まる旅行日程の組み方によって左右されてしまうこともあるわけです。特に個人顧客の予約に関するリアルエージェントとの打ち合わせ等において、行程上の自施設のポジションや旅マエから旅後を通したカスタマージャーニーを確認しつつ、全体的視点から意見を述べ、顧客の総合的満足度を最大限に引き上げることを試みてはいかがでしょうか。

　次に、宿泊施設の館内におけるカスタマージャーニーについてポイントを整理します。

はじめ（フロント）よければ……

　顧客が宿泊施設を訪れて最初に向かうのがフロントです。フロントでの印象（評価）が、今晩滞在する「客室」への期待に大きな影響を与えます。当社の各種調査でも、フロント（ロビー）の評価が高ければ高いほど客室への

期待度も高まることが示されています。ここではフロントでのチェックインが、客室に対する「事前期待」につながっているわけです。そして、客室が、その後の館内でのさまざまな体験の「事前期待」を高める役割を果たします。一方、レストランについては、たとえば、内部の清潔感が十分高い水準にあり、スタッフの接遇等が優れている場合、事前の期待値を上方に引き上げることになります。

　このように事前の期待感は、うつろいやすいもので、ちょっとしたサービスの巧拙により大きく動くことがよくあります。ただ、フロントが重要なことはいうまでもありませんが、一般的に個人顧客の施設に対する評価には、第一印象が大きく影響します。当社は、2021年に、宿泊体験を4つのシーン、すなわち①チェックイン対応やロビー（第1シーン）、②客室内容（第2シーン）、③夕食レストランの体験（第3シーン）、④朝食とチェックアウト（第4シーン）に大別し、順次経験しながらシーンごとの良し悪しを採点することで施設に対する印象（累積点）がどう変化していくかを調査したことがあります。

　調査結果は図表2－6に示すとおりです。入館しロビーを通ってフロントに立ち寄った時点で「ワクワク感」（事前の期待）どおりの好印象を受けた場合は約60点、残念な場合は約30点からと、スタート地点の高さが異なります。最初のウェルカム感やフロント等の質感整備は非常に重要です。

　もっとも、第一印象がよく約60点からスタートしても、次のシーンで悪い印象を与えてしまうと、事前期待を裏切る結果、大幅に総合評価を落としてしまいます。事前の期待感を忠実に実現することの重要性がうかがえます。特に注意が必要なパターンは、図表2－6の「○→○→○→×」です。最初の好印象で60点から総合評価がスタートし、それによる事前期待の影響で2つめのシーンで約＋8点、3つめのシーンでは約＋8点となります。ところが、最後の最後で悪い印象を与えてしまうと、それまでつないできた高評価＝最後のシーンの事前の期待感を手ひどく裏切り、約18ポイント減点と総合評価を大きく落としてしまいます。つまり、それぞれのシーンにおける品質管理をしっかり行い、次のシーンに対する顧客の期待感をつないでいくこと

図表 2 − 6　体験シーン段階別顧客総合評価の推移

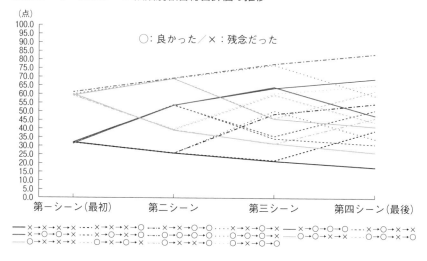

が非常に重要となります。

小さなヒューマンミスが顧客のストレスに

　ハードウェアとスタッフそれぞれについて、ストレスを感じるような体験をする場合、ハードウェアのストレスでは、「強いストレス」で56％がネガティブな態度（再来訪しない可能性が高い）につながる可能性がある一方で、スタッフに関するストレスは、「ややストレス」と感じる程度でも63.5％がネガティブな態度をとる傾向がみられました（全国男女200人に対するインターネットアンケート調査、当社調べ、2021年）。つまり、スタッフのアピアランス、所作、接遇がどれほど宿泊事業にとって重要か、ストレスを感じるほどの「ミス」体験のインパクトの大きさを十分に認識しておく必要があるのです。

カスタマージャーニーの視点（まとめ）

　事前の期待感があり、期待どおりあるいは事前の期待感を上回る体験をするとさらに、事前に抱いていた期待感が充足されたというエピソードとして

長期記憶にとどまることにより滞在後の顧客満足感を形成することになります。

　つまり、顧客の事前期待を予約段階から把握し、実体験において、どのように質感やサービスをコーディネートしていくかという視点が個人市場では非常に重要となります。この満足感は、事前期待とその充足度合い、そしてもう１つ、その「シーン」が大きく影響します。この「シーン」とは、たとえばレストランであれば、いつ、誰と、何の目的で食事をし、その時のレストラン内の質感やサービススタッフのアピアランス、所作、接遇内容を意味します。この「シーン」が望ましいと感じられた場合には、顧客の満足感を高めるのです。逆にいうと、このレストランでの印象が悪かった場合には、総合評価にもマイナスの影響を強く与えてしまう可能性があります。

さらに顧客に好印象を抱かせるための視点

　ハードウェア、ソフトウェア、ヒューマンウェア別に好印象と認知されるために必要な好ましい体験の回数は、当社調査（全国男女200人に対するインターネットアンケート調査）では、約2.56回である一方で、不快と認知されるために必要な回数は、約1.92回でした。つまり、好印象を与えるのはむずかしく、逆に不快と感じさせてしまうのは相対的に容易であるということも、個人市場をターゲットとする場合、十分に理解しておく必要があります。

最後にブランドの重要性

　ブランドそのものが事前の期待感となり、事前情報は顧客側に実際の体験などの土台となる概念上のフレームワークとなります。この事前情報がない場合、実際にさまざまな体験をしても、その場でどのように評価、つまりは「好き嫌い」といった態度を形成してよいかわからなくなってしまいます。たとえばレストランのメニューに、それまでみたことがない料理があったとしましょう。その料理に関する事前情報が与えられている場合には、与えられなかった人よりも「おいしい」と評価する人が増える傾向がみられます。顧客側の態度を明確にするためにも、また、満足度を引き上げるためにも、

事前情報としての「ブランディング」が大きな影響を与えるのです。

第 3 節　無視できない地域側のツーリズムフォビア

　コロナ禍は何度も感染の波を繰り返し、それぞれのピーク時には医療崩壊が懸念されました。自分が住む地元に他県や外国から観光客が訪れることに強い不安を感じる人も増えました。東京オリンピック・パラリンピックの無観客開催が決定し、観客が宿泊するはずだった宿泊施設は大きな打撃を受けましたが、首都圏1都3県の住民からは「やはり中止にすべき」という声はあがったものの、「無観客」への批判はほとんど聞かれませんでした。

　コロナ以前から観光の世界では、「オーバーツーリズム」という言葉がありました。受入れキャパシティをはるかに超える観光客が押し寄せたことで、公共交通機関やゴミ処理などの都市機能がマヒし、住民が騒音や物価の高騰に悩まされ、「これ以上来ないでくれ！」と観光客を忌避する動きがスペインやイタリアの観光都市から広がりました。日本でも、京都で街を歩く舞妓さんを追いかけ回し無断で写真を撮るなど、外国人観光客のマナー違反が社会問題になっていました。

　それがコロナ禍により内外の観光客が姿を消し、宿泊施設や観光客相手の飲食店、土産物店のビジネスが閉鎖あるいは文字どおり開店休業状態になったことで、地元経済にとって観光客がいかにありがたい存在であったかが再確認されました。とはいえ、感染流行の谷間に来訪旅行者が増えた後、地元の新規感染者が急増するという苦い経験を繰り返した地域では、感染症脅威を背景とした観光客受入れに対して慎重な見方が広がった可能性があります。それはオーバーツーリズムを超えて「ツーリズムフォビア（観光恐怖症）」と呼ぶべきネガティブな感情です。

そこで当社では、2021年8月に全国1万人の男女を対象にしたインターネットアンケート調査を実施しました。その結果、国内観光客の来訪に対しては調査対象者の33%、海外からの観光客に対しては35.8%の人が懸念を抱いていました（いずれも全国平均）。図表2-7と図表2-8は、都道府県別の国内観光客と外国人観光客が来訪することを懸念する人の割合ですが、山形県、和歌山県、三重県の観光客に対する懸念が強い傾向にあることがわかります。

　では懸念を表明した人に対して、宿泊事業者等が、今後どのような取組みを行えば、観光再開が地域からの支持を得られるかを調べてみました。その結果「感染症対策の徹底を実現している」こと、「地域情報や地域の歴史、文化、しきたりを含めた慣習等をしっかり顧客に伝えようと努力している」こと、「地域の安全安心に徹底して貢献しようと積極的に取り組んでいる」こと、そして「自然環境保全を取り組んでいる」という4つの努力により、上記懸念表明者のうち約68%の人が観光客受入れを支持してもよいという結果でした。

　たとえば、感染症拡大防止については、客室清掃員に対するガイドラインを策定し実践すること、その他地域情報発信や地域経済への貢献については、観光地域づくり法人（以下「DMO」）との連携を通じて地域と一体となった地域発信の観光商品造成に積極的に関与すること等が考えられます。

　これらの取組みは、宿泊施設にとって必要なSDGsへ取組みでもあり、ツーリズムフォビア対策という意味においても、地域の観光関連企業と一体となった宿泊施設のSDGs対応は喫緊の課題といえそうです。

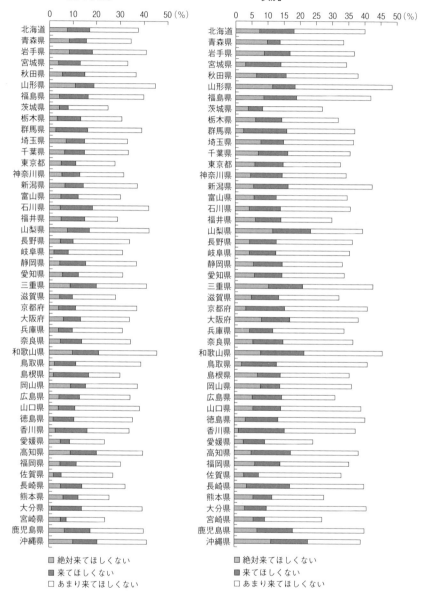

図表2－7　国内観光客の受入れ懸念の状況

図表2－8　外国人観光客の受入れ懸念の状況

北海道
青森県
岩手県
宮城県
秋田県
山形県
福島県
茨城県
栃木県
群馬県
埼玉県
千葉県
東京都
神奈川県
新潟県
富山県
石川県
福井県
山梨県
長野県
岐阜県
静岡県
愛知県
三重県
滋賀県
京都府
大阪府
兵庫県
奈良県
和歌山県
鳥取県
島根県
岡山県
広島県
山口県
徳島県
香川県
愛媛県
高知県
福岡県
佐賀県
長崎県
熊本県
大分県
宮崎県
鹿児島県
沖縄県

■ 絶対来てほしくない
■ 来てほしくない
□ あまり来てほしくない

図表 2 - 9 外国人観光客受入れ懸念払拭のための取組みの評価

■ 地域情報や地域の歴史、文化、しきたりを含めた慣習等をしっかり
 顧客に伝えようと努力している
▨ 感染症対策の徹底を実現している
□ 自然環境保全を取り組んでいる
□ 地域の安全安心に徹底して貢献しようと積極的に取り組んでいる

第4節 宿泊施設の客観的評価手段
——個人顧客には参考にしにくい
格付け

　初めて利用するホテルや旅館について、提供する側よりも情報劣位にある
個人顧客は、宿泊施設の品質についての客観的な評価を重視する傾向があり
ます。本章では、宿泊施設に対する客観的評価手段の一つである品質認証制
度の意義を解説します。

　世界のホテル市場では多くの国で「格付け」が利用されています。格付け
は、ホテル・旅館に限らず市場が黎明期にあり、サービスや商品の供給者と
消費者（個人）との間に情報の非対称性がある場合、消費者の判断を助ける
手段として特に有効です。しかし格付けは、宿泊施設の品質の根幹である
「心理的な安心感」については保証してくれません。また、世界的に有名な
民間企業による格付けは、いわゆる「勝手格付け」であることから、その費
用の大半は、調査会社が負担しています。このため、すべての宿泊施設を対

象にするのは不可能であり、特に日本では一部のラグジュアリーホテルや、著名老舗旅館にしか格付けは行われていません。日本は、宿泊施設の情報インフラ整備という意味では、世界のなかでも発展途上にあるといえます。逆にいえば、これから日本で策定される格付け基準や品質認承基準であれば、利用者の最新のニーズに沿った情報提供を構築できるはずです。

　ここで「格付け」と「品質認証」の違いを明確にしておきましょう。格付けは、依頼ベースではなく、調査側が選択したホテルを、自主的に調査し、アワード機能をもたせ顧客に提供します。すべてのホテルを対象とするわけではなく、民間による格付けの場合、一般的に高グレードホテルに限られてしまいます。一方、中国や韓国、フランス、ドイツなどのように国が実施している格付けの基準は硬直的であり、顧客ニーズ変化に応じた機動的な基準見直しが困難といわれています。

　格付けが国の政策等が織り込まれることもあります。多くの場合、その国で採用されている格付け基準をみれば、その観光市場の特徴が浮き彫りになります。もっとも世界のホテル格付けは、さまざまな基準が乱立し、ヨコ比較がむずかしいことから、これを統合しようとする動きもみられますが、その結果、各国市場の特徴がみえにくくなることが懸念されています。

　また、格付結果の「ラグジュアリークラスのホテル」とか「５スタークラスのホテル」を具体的にどのように定義すればよいかという問題があります。それぞれの格付け団体は、「ラグジュアリー」あるいは「５スター」とはどのようなものかを自身で定義しその基準に照らして個々のホテルを格付けしているわけですが、格付け団体ごとにそれらの定義がまちまちです。なかには、顧客ニーズ調査を繰り返し、その結果をふまえて定義を見直している団体もありますが、いったん設定された定義を変更すると、市場に大きな影響を及ぼすことから、基準の変更は容易ではありません。

　ただでさえ観光市場ではSNSや口コミ等多くの情報があふれています。そこに、定義がまちまちな複数の格付情報が加わることで、かえって顧客を混乱させかねない状況ともいえます。

最新ニーズを反映しやすい品質認証制度

　一方で、品質認証は、観光品質認証協会（以下「当会」）のDMO（Destination Management Organization：観光地域づくり法人）等との共同品質認証制度である「サクラクオリティ」を例にとると、顧客ニーズ調査を定期的に繰り返し、顧客が求める「品質」を観測・分析した結果をふまえて品質認証基準を常時更新しています。他の国でみられる品質認証制度も同様でしょう。求められる品質が変化すれば、基準を見直す、あるいは新たな品質認証制度を導入する等の柔軟性があります。また、認証団体が宿泊施設を選択して調査を行うのではなく、宿泊施設からの依頼ベースで調査を行います。

　多くの品質認証制度は2つの目的を有しています。1つは、顧客が求める品質情報を提供すること、もう1つは、品質認証基準を参加施設にすべて開示し、全体品質の向上に貢献することです。

　輸出産業では、常に、「信頼される品質基準」に準拠しているかが問われます。農産物でも海産物でも同様であり、ある国の品質基準が重視されるようになると、国際競争に影響を与えます。宿泊業界（ホテル・旅館等）においても、インバウンド市場では外貨を稼ぐ市場という意味において同様です。どの国の品質基準が国際的に認められるかは、宿泊業界の実態経済と関係することもある、それが品質認証制度なのです。

　品質認証制度が市場から信頼されためには、2つの要素が重要です。1つは、採用している基準が、信頼できる第三機関から認められたものか、徹底した調査研究を経た市場ニーズを的確にとらえた基準であることです。そしてもう1つは、認証プロセスが、客観的かつ独立性を有し、適切なものであることです。この2点をクリアしていることを市場にアピールできない品質認証制度は、市場から信頼を得にくいでしょう。

　「サクラクオリティ」の場合は、約10年間にわたって繰り返し顧客ニーズ調査を実施し、顧客がその時々に求めている品質を定義し直したうえで、基準を策定しています。また、当会が認証機関（Certification Body）を務める宿泊施設用SDGs認証制度「Sakura Quality An ESG Practice」は、GSTC

（Global Sustainable Tourism Council：世界持続可能観光協議会）から、国際的基準に沿っているという基準の承認を受けています。認証プロセスでは、現在のところ独立した第三者委員会に諮問し最終認証を行う仕組みを採用していますが、近くこの第三者委員会について、GSTCの認定機関（GSTC-Accredited Certification Body）から認証機関としての認定を取得する予定です。

　顧客が求める宿泊施設の品質の中心には、すでに述べたように、「心理的な安心感」があります。これは利用者の印象よりも裏付けのある「安全性・安心感」ですが、昨今重視されている「口コミコメント」ではこの点の情報収集はほぼ困難です。そこで、当会のサクラクオリティでは、品質の根幹に「安全・安心・誠実」を掲げ、それらに関する2,234の調査項目からなる基準を策定する一方、参加施設にも、このコンセプトを企業理念の1つとして掲げ、社内で周知徹底すること、そして当会が提供する倫理規範に沿うことを求めています。

　2018年5月、バリアフリー法が改正され、高齢者や障害者の利便性向上のために宿泊施設を含む建築物のバリアフリー情報を提供することが努力義務とされました。これは、東京パラリンピック競技大会の開催を控え、新たな市場として拡大が見込まれる高齢者や障害のある訪日外国人が利用しやすい宿泊施設を旅行前に選び、安心して滞在できるよう、観光庁が立案した法改正でした。今後、インバウンド需要が再拡大していくなかでは、国内観光客向けと同様に、感染症防止対策の徹底とそのアピールは必須として、レストラン部門では、顧客属性・ニーズの多様化にあわせたメニュー（ハラルフード対応、ベジタリアン（ヴィーガン）対応、グルテンフリー対応、ユニバーサルフリー対応、プラントベースミート等）の開発や、SDGsへの取組みが「安全・安心」を具体化する施策として考えられます。

　そして、今後は感染症拡大防止対策等が加わることになります。

　ちなみに、当会では、サクラクオリティのほか、2020年5月16日から新型コロナウイルス感染症拡大防止対策の徹底を示す、「A Clean Practice」認証制度を、そして、2022年4月より上記の「Sakura Quality An ESG Practice」認証制度を提供しています。

第5節　宿泊施設におけるSDGsへの取組み

世界の観光業界はいち早く取り組む

　2022年は、記録的熱波がヨーロッパと米国をたびたび襲い、日本も観測史上例をみないほど早い梅雨明けや季節外れの猛暑日、同一日に全国で6カ所も気温40度超えを記録するなど、世界中で気候変動によるとみられる異常気象が頻発した年として歴史に刻まれることになりました。

　自然環境保全および生物多様性の尊重は人類の喫緊の課題として認識されています。2015年9月の国連サミットでは、2030年までに持続可能でよりよい世界を目指す国際目標として、17の目標と具体的な169のターゲットが設定されました。SDGs（持続可能な開発目標）です。これを受けて日本の経済団体連合会（経団連）は2017年11月、行動憲章にSDGsの達成を盛り込み、経営に取り入れる動きが、大企業から中小企業へと急速に広まっています。

Sakura Quality An ESG Practice（サクラクオリティグリーン）

　一方、観光の世界では、上記の行動憲章に先立つ2004年、UNWTO（世界観光機関）による「観光における持続可能性」が定義され、「観光地のための持続可能な開発指標」が策定され、2008年にはGSTCの策定による「世界持続可能観光基準」が公表されました。以後、GSTCは前述のとおり認証基準を有する団体に対して基準の承認を行うほか、加盟メンバーに向けて持続的な観光のための研修等を実施しています。

　ではなぜ企業はSDGsへの取組みを積極的に行っているのでしょうか。その理由として、企業イメージの向上につながり、社会貢献意欲にあふれた優良顧客の共感を得やすく、優秀な人材を採用しやすいとか、付加価値により

価格競争に巻き込まれにくいなどの理由があげられます。観光業の場合には特に美しい景観や、文化財、史跡、地域ならではの「食」など観光資源を守っていくことが、地域と共生しながら事業の存続させる大前提であり、その姿勢を意識の高い顧客にアピールしていくことが、他の業種以上に大切といえます。

当会は、「Sakura Quality An ESG Practice（サクラクオリティグリーン）」認証基準（以下「Sakura基準」）を策定し、2022年3月、GSTCの承認を受けました。「ESG」は、投資の観点から長期的な運用収益の向上つながる持続的成長を目指すうえで重視する3つの要素、すなわち「Environment（環境）」「Social（社会）」「Governance（企業統治）」の頭文字をとった単語ですが、企業が社会に対してよいインパクトを与える活動を志していくという意味ではSDGsと同義と考えてかまいません。

Sakura基準は、自然環境保全活動だけではなく、事業性関連活動、地域貢献を含む社会性関連活動を三位一体で達成することを目指すものです。

具体的には、感染症対策を含む全172項目から構成され、さらに「必須項目」60項目（35%）、「取り組むことが望ましい項目」53項目（31%）、「高度な取組み」59項目（34%）に分けられています。

Sakura基準認証の取組みのなかで最も重要なポイントは、企業理念が明確であり、しかも、SDGsとの関係性がしっかり含まれている内容であることです。SDGsを実現するためには、全スタッフがその取組みの重要性、意義を理解し、真摯に取り組む必要があります。たとえば、Sakura基準の認証にあたって、宿泊施設にはまず、「安全」「安心」「誠実」な経営を行うことという認証制度のコンセプトに、企業理念としてコミットしてもらいます。この「誠実」という姿勢は、顧客だけではなく、地域に対しても、環境に対しても、自らに対しても求められるのです。その結果、SDGsの取組みは必然的なのだと、全スタッフが認識しやすくなります。

また、理想論だけではなく、実際に誰かに貢献できていることを経験することが大切です。施設スタッフのモチベーションを維持し、さらに高めていくうえで鍵を握るのは、「食」に関する取組みです。「食」は、顧客からの関

心も高く、顧客に可視化しやすい取組みであることから、顧客の反応を直接体験できるのです。顧客に喜んでもらえた、という成功体験の積み重ねが、長期的な取組みを支えることになるはずです。

　それは、裏返せばSDGsの取組みが、従業員満足度の向上にもつながることを意味します。しっかりとよいサービスを顧客に提供するという意味の顧客エンゲージメントは、その背後に高い従業員満足度なくして実現しません。まさにSDGsの取組みは、それらを支えるものとなる可能性があるのです。

　なお、労務関連でいうとSakura基準には、24項目が含まれます。これを5つの労務関連基準ゴールとして以下のように整理できます。

①　従業員は、持続可能な運営体制について策定段階から実践までかかわり、実施状の役割と責任について定期的に指導と研修を受けている。

②　商業的、性的、その他あらゆる形態の搾取またはハラスメントを防ぐ方針がある。特に児童、青少年、女性、少数派、その他の社会的弱者に対しては留意する。

③　事業体は、性別、人種、宗教、障害等で差別することなく、管理職を含めた雇用機会を均等に与える。

④　労働の権利は尊重され、安全かつ安定した雇用環境が提供され、被雇用者に最低でも生活賃金分を支払う。被雇用者には、定期的な研修、向上のための経験と機会が与えられている。

⑤　衛生管理、安全、労働、環境などを含むすべての適用可能な国際法、国内法および地域の条例を遵守する。

　図表2－10は、Sakura基準をSDGsの17の目標に当てはめたものです。最も基準数が多い項目が「環境配慮」であり32項目ですが、取り組むべき内容は幅広く、食に関する基準でも8項目、5％あります。食に関する基準を例示しますと、地産地消の取組みももちろんですが、同時に地域の食材を積極的に事業化し施設内で販売する支援を行うことも含まれます。

　SDGsの取組みには設備投資が必要のように考えられがちですが、実際に世界規模で求められている取組みは、大半がマネジメントレベルです。図表2－11では、レベル1が必須項目、レベル2が望ましい内容、レベル3が高

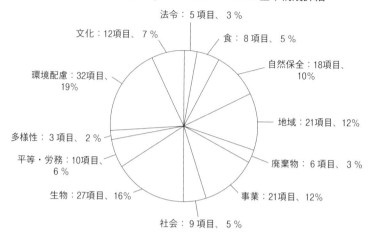

図表2−10　Sakura Quality An ESG Practice基準構成詳細

法令：5項目、3％
食：8項目、5％
文化：12項目、7％
自然保全：18項目、10％
環境配慮：32項目、19％
地域：21項目、12％
多様性：3項目、2％
平等・労務：10項目、6％
廃棄物：6項目、3％
生物：27項目、16％
事業：21項目、12％
社会：9項目、5％

図表2−11　レベル1、2、3別ハードウェア、サービス要件

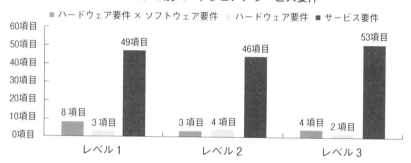

■ ハードウェア要件 × ソフトウェア要件　　ハードウェア要件　■ サービス要件

レベル1：8項目、3項目、49項目
レベル2：3項目、4項目、46項目
レベル3：4項目、2項目、53項目

度な取組みとして整理しています。レベル1をすべてクリアして、「1御衣黄（イチ・ゴイコウ）ザクラ」を認証し、「5御衣黄（ゴ・ゴイコウ）ザクラ」は全項目をクリアすることを求めています。世界に情報発信している各「御衣黄ザクラ」の定義は非常に重要です。サステナビリティからより地域や自然にポジティブな貢献を実行する「Restorative」（修復）、さらにその上のレベルの「Regenerative」（再生）を世界に向けて約束することを通じて、サステナビリティの「S」からそれら「R」へのSDGsへの積極的関与が求められているのです。

図表2−12　Sakura Quality An ESG Practiceの5段階

1 御衣黄ザクラ：Practicing（サステナビリティの実践）

2 御衣黄ザクラ：Excellent（サステナビリティの高度な実践）

3 御衣黄ザクラ：Restorative（環境に対する修復機能）

4 御衣黄ザクラ：Regenerative（顧客が来るほど環境が良くなる取組み）

5 御衣黄ザクラ：Leaders（広域地域のSDGs実践指導役）

第 3 章

ホテル・旅館業の
財務リストラクチャリング

1年ももたない資金繰り

　第1章でみたとおり、長引くコロナ禍は宿泊業の財務状況を著しく悪化させました。この間、ゼロゼロ融資（実質無利子・無担保の緊急融資）など手厚い資金繰り支援のおかげで宿泊業の倒産は2020年〜2021年にかけて歴史的に低い水準で推移しました。しかし、2022年春頃からゼロゼロ融資の返済が本格化する一方、オミクロン株の流行（第7波）によって同年夏の観光復活の出鼻がくじかれたことで、ついに耐えきれずに廃業に至るホテル・旅館が増えています。

　財務省の「法人企業統計」をもとに全国信用組合中央協会が調べた中小企業の業種別負債比率によると、宿泊業の負債比率（負債／総資産）は、2019年10月〜12月期の4.8倍から、2022年1月〜3月期には14.7倍に急増しています。やはりコロナ禍の影響が大きかったとされる飲食業の負債比率も同じ期間に2.3倍→2.6倍、生活関連サービス業でも1.4倍→4.2倍に増加していますが、もともと負債比率が高かった宿泊業はコロナ禍を経てさらに借金依存体質が強まったことがわかります。一般に負債比率が6倍を上回ると債務超過状態といわれます。いくら増加分の多くが無利子のコロナ対応融資だとしても、かなり深刻な財務状況となっている宿泊施設が多いと考えられます。

　全国旅館ホテル生活衛生同業組合連合会（全旅連）が2022年2月、組合員旅館・ホテルを対象に、「現在の状況が続いたとき、経営を何カ月間保てるか」という内容でアンケート調査を実施しました。その結果、全国の169施設が回答（旅館56.2%、ビジネスホテル26.0%、リゾートホテル、シティホテルがそれぞれ8.3%、簡易宿泊所が1.2%）し、資金繰りについて「6カ月以上1年未満」が45.6%と最も多く、「1年以上・特段気にしていない」が21.9%、「3カ月以上6カ月未満」が19.5%、「3カ月未満」が13.0%という

結果でした。つまり、3割強の経営者が6カ月未満、8割近くが1年未満しかもたないと考えているという、非常に厳しい環境が続いているのです（観光経済新聞社「週刊観光経済新聞」2022年4月4日付より）。

このままでは、今後、コロナが終息し、観光需要が本格的に回復してきた際に、「安全・安心」な品質を維持向上するために必要なハード面の整備や、人手を確保するために必要な資金を新たに調達するどころか、コロナ対応融資の返済すらおぼつかないことになりかねません。

コロナ禍によって苦境にあったホテル・旅館がV字回復を果たしていくためには、これまでにみた個人市場の新たな品質ニーズに応えるとともに、思い切った財務リストラクチャリングが必要です。財務リストラクチャリングとは、事業再生を目的として事業会社のキャッシュフローの改善を図ることです。その際、当該宿泊施設に関するさまざまなリスクを考慮したうえで、地域と一体となったV字再興、それも単にコロナ禍で悪化した財務を改善するだけでなく、今後のインバウンド需要を中心とする観光市場の盛り上がりに乗じて持続的成長を果たせる戦略を総合的にコーディネートすることが重要です。

第2節　宿泊施設の運営スキーム

宿泊施設の運営形態には大きく分けて3パターンがあります。(1)不動産（土地と建物）の所有者自身が宿泊施設を経営する所有直営方式、(2)不動産のオーナーが施設を運営する宿泊事業者に不動産を貸す不動産賃貸借方式、さらに、(3)不動産の所有者や賃借人である宿泊事業者が、知名度の高い運営者（ブランド）に運営委託を行う運営委託方式の3つです（図表3－1）。(3)の運営主体は、完全に第三者に運営を委託するほか、ブランドの名称使用や、

世界共通の運営システムを導入するフランチャイズ契約を締結する場合があります。

(1) 所有直営方式

　日本で最も一般的で、特に小規模の旅館で圧倒的に多いのが、(1)所有直営方式です。図表3－1にあるように、宿泊施設が稼ぐ事業収入は、不動産の所有者（オーナー）に帰属します。その見返りとして、いわば経営者と運営者（オペレーター）も兼務するオーナーは、①不動産リスク（地価の変動リスク、設備更新コスト負担等）、②経営リスク（環境変化、災害や感染症、事故に

図表3－1　宿泊施設の運営形態

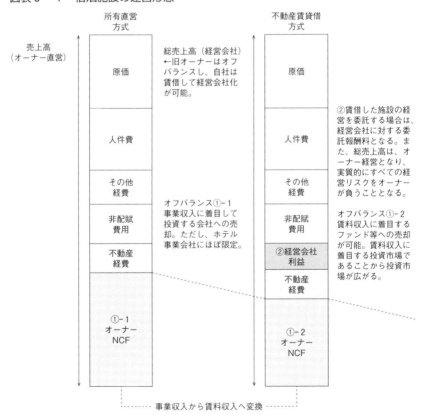

よる事業中断等による売上減、インフレによるコスト増等）、③ブランドリスク（風評被害、食中毒、設備の不備による事故、従業員の教育不足等によるブランド価値の毀損）をすべて負います。

　オーナーの高齢化や後継者難、自力での経営改善が困難になった場合や、コア事業への集中の結果、宿泊事業を資産ごとそっくり売却してオーナー自身のバランスシートから切り離してしまうというのが、最もシンプルなオフバランスによる財務リストラクチャリングです（オフバランス①－1）。買い手が不動産を所有するだけでなく、自ら宿泊事業の経営・運営を手がける場合には、オーナーだけが変わった所有直営方式のままですが、これが可能な

運営委託
方式（賃貸前提）

原価	総売上高（経営会社＋運営委託）
人件費	
その他経費	
非配賦費用	③外資系ホテルチェーン等、原則的に賃貸契約は締結しない。したがって、賃貸契約を締結する経営会社を見つけるか、設立する必要がある。
経営会社利益	
③MCフィー	ポストコロナ時代においては、NCF（ネットキャッシュフロー＝利益）は低下するが、リスクも分散されることがポイントとなる。オーナー側は不動産リスクに限定されるほか、ブランドが付与される場合、事業基盤も強化される結果、賃料収入がより安定化する。
不動産経費	
①-2オーナーNCF	

新オーナーは、事実上、経営ノウハウに長け、資金が潤沢なホテル事業会社に限られるといってよいでしょう。

(2) 不動産賃貸借方式

　宿泊施設のオーナーが施設（不動産）をホテル事業会社に賃貸する方式です。

　一見すると、オーナーの利益（図表3-1ではNCF：Net Cash Flow）が減少するため、あまり望ましくないように感じるかもしれませんが、経営リスクおよび運営に伴うブランド毀損リスクを切り離すことができます。

　高度経済成長期の日本では、旅行会社が観光市場を牽引し、強い販売力を有していたこともあり、宿泊施設のブランド管理を含む「運営」面はそれほど注目されませんでした。それ以上に、社員旅行をはじめ団体客や家族旅行客を連れてきてくれる旅行会社との良好な関係が宿泊施設にとって大事でした。なによりもおおむね堅調に成長してきた、観光宿泊市場にも支えられ、所有者が直接経営する所有直営方式が一般的でした。しかし、1990年代に入ると、出張客をターゲットとしたビジネスホテルが多く開発されました。シングル中心の宿泊事業に特化し、経営難易度が高くない市場が拡大する過程で、不動産のオーナーから施設を賃借して事業を経営する不動産賃貸借方式も広がっていきました。

> **コラム**

コロナ禍で活発化した資産売却によるオフバランス化

　近鉄グループホールディングスは、2021年10月25日、ブラックストーンと共同で出資した特別目的会社へ、ホテル資産の一部（8物件）を譲渡することを発表しました。譲渡日は2021年10月1日で売却益は約204億円。当ホテルは子会社の近鉄・都ホテルズが運営業務を受託します。対象とな

ったのは、①都ホテル京都八条（京都市）、②ホテル近鉄ユニバーサル・シティ（大阪市）、③都ホテル博多（福岡市）、④神戸北野ホテル（神戸市）、⑤都リゾート志摩ベイサイドテラス（志摩市）、⑥都リゾート奥志摩アクアフォレスト（志摩市）、⑦都ホテル岐阜長良川（岐阜市）、⑧都ホテル尼崎（尼崎市）の計8物件でした。同社は運営体制の見直しやコスト削減等構造改革の一環として上記のような財務リストラクチャリングを実施し、「アセットを保有する経営」から、「鉄道・ホテル経営に不可欠な経営資源としてアセットをもつ経営」と「運営に特化したノンアセット経営」の両輪での事業を推進しようとしているのです。

　また、西武ホールディングスは子会社のプリンスホテルが国内に所有するホテルやゴルフ場など全76施設のうち31施設をシンガポールの政府系ファンドGICに売却することを決定しました。対象にはザ・プリンスパークタワー東京や苗場プリンスホテルなどホテル15施設が含まれており、譲渡価格は約1,500億円といわれています。運営はこれまでどおり継続し、固定資産に係る費用を圧縮して財務基盤を強化すると同時に、運営受託に特化してホテルチェーンの拡大を目指す考えを示しました。このように、今回のコロナ禍で、所有と経営の分離が進んだといえます。それは同時に新たな賃借人プレーヤーの出現をも意味しています。

　このように長期的に安定成長を続けるものと信じられていたさなかに、突然襲ってきたコロナ禍により、状況は一変してしまいました。

　観光産業は、今後も成長産業であることは間違いないでしょうが、今回のコロナ禍で露呈したとおり、環境変化に対して実にセンシティブです。これまでであれば、東京オリンピック・パラリンピックをはじめ、国策として観光立国を目指す姿勢が明確であり、実際にインバウンド市場の急拡大によりホテル不足の状態にあったことから、賃貸借契約締結にあたって、出店意欲を高めた多くの宿泊事業者が、オーナーが提示する強気の固定賃料を許容しました。しかし、今後の国内宿泊市場では、新規の賃貸借契約締結時に100%固定賃料を許容できる事業会社はごく限られるはずです。日本はグロスリース（固定資産税や都市計画税等の租税公課、建物保険料のほか、建物修繕積立金（あるいは資本的支出となる建物修繕費）をオーナーが負担する賃貸借）

が中心ですが、施設オーナーが負っている固定費に見合った一定の固定賃料と、歩合賃料を組み合わせたハイブリッド型賃貸形式が広がるでしょう。金融機関を含めた投融資マーケットの関係者、賃借人としての経営者、そしてブランド管理を行う運営者がその事実を適切に認識し理解することこそ、ポストコロナ時代における観光宿泊産業の再生の最初の重要な一歩となるはずです（完全固定賃料制の限界と歩合賃料については第4章で詳しく説明します）。

　宿泊施設（ホテル・旅館等）の運営形態には、先に述べたとおり、主に(1)所有直営方式、(2)不動産賃貸借方式、そして(3)(2)を前提にした運営委託方式があります。いわゆるビジネスホテル等の宿泊特化型ホテルの場合、不動産を賃借し、オーナーに対して固定賃料を支払う(2)の不動産賃貸借方式がよくみられます。ビジネスホテルの場合、宿泊部門の収入が中心であることから経営リスクが比較的小さく、また、PMS（Property Management Syste：宿泊施設の予約や客室管理のためのシステム）やレベニューマネジメント（需要の変化に応じて価格を設定し、収益を最大化するシステム）、レピュテーションマネジメント（口コミなど施設の評判、ブランドイメージを向上させ集客に結びつけること）のためのソフトウェアが進化したおかげで運営はそれほどむずかしくなく、インバウンド市場の堅調な推移発展が期待できたことが背景にあります。

　これに対してシティホテルやリゾートホテルの場合、料飲部門や宴会部門、その他アクティビティ部門等の提供するサービスが多岐にわたり、それぞれの顧客ニーズや行動パターンに対応した設備やサービスを用意する必要があります。また、宿泊部門の収益率（経費按分配賦が困難な水道光熱費などの控除前）が約60％であるのに対して、料飲部門（同20〜25％程度）や宴会部門（同25％程度）を抱える施設は、その分、収益率が低下します。さらに宴会場やレストランで使用するための多数の家具や什器、備品の管理と更新費用まで考え合わせると、施設のオーナーにとって採算がとれ、かつ賃借人が受け入れられる固定賃料を設定することがむずかしいとされています。

　コロナ禍を経て、リスク分散を実行する必要性があるほか、財務リストラクチャリングという視点から、今後は(1)から(2)、さらにブランドを付与させ

安定性ある事業を求める⑶も増加するはずです。

　所有と経営を分離する場合、不動産賃貸借方式のほか、フランチャイズ制など経営委託契約もみられます。経営委託契約の場合、一定の報酬を受託会社に支払うという点では共通ですが、さまざまな形式があります。オーナーが経営会社を有し、当該会社経営を第三者に委託する場合や、受託会社が経営会社となり、事業成果をオーナーに支払うケースも考えられますが、いずれの場合であっても、オーナーが実質的に大きな事業リスクを負うことになります。

　不動産賃貸借方式であれば、オーナー側の収入が、「事業収入」から「不動産賃料収入」に変化します。もちろん、不動産賃料が「固定賃料」であれば、短期的には収入の安定性が高いようにみえます。しかし、宿泊事業は売上高について市場環境の影響を非常に強く受けるほか、経費についても、水道光熱費の変化、仕入れ原価、人材確保等多くの不確実性（リスク）を抱える事業です。長期的には賃料の安定性にリスクがあります。つまり予期せぬ売上高と経費の変動を考慮しない「固定賃料」は、オーナー、経営者双方にとって望ましくありません。

　だからといって、不動産賃料をすべて（100％）歩合賃料とするのにも問題があります。なぜなら、日本の不動産賃貸借方式では、グロスリースが大半です。つまり、オーナーは固定費を負担したうえに100％歩合賃料による収入変動リスクにさらされることになります。

　また、宿泊施設不動産の場合、一棟貸しでの賃貸借契約がほとんどであることから、バランスのとれたリスク按分がなくては、賃貸人（オーナー）・賃借人（経営者）双方の信頼関係が築けていないと、相互協力も困難となります。

　新型コロナウイルス感染症まん延の影響を受け、国内では多くのホテルが閉館や倒産等に追い込まれました。仮に固定賃料をベースとした定期建物賃貸借契約を締結していたとしても、契約どおりの賃料収入が確保できたわけではなく、賃料減免や減額調整、固定賃料から歩合賃料への変化等の調整がなされました。

長期的視点から持続可能性を重視しリスクを分散する不動産賃貸借契約における典型的な契約条件と、留意事項については、第4章で詳しく説明します。

(3)　運営委託方式

　不動産リスクと経営リスク、さらには不動産賃貸借を前提にしたブランド毀損リスクを分離し、その見返りとしての収益を分かち合うのが、運営委託方式です。(1)の所有直営方式をとっていたオーナー（兼経営者）から、運営会社に運営業務を委託するMC契約（Management contract）や、大手ホテルブランドの名称やサービスノウハウを使用する権利を運営するFC契約（Franchise agreement）が一般的です。同様に、(2)不動産賃貸借方式であれば、不動産の賃借人＝経営者からのMC契約、FC契約となります。個人市場においては、旅マエからの期待感もカスタマーエクスペリエンスの充足に大きな影響を与えることから、著名ブランドとのMC契約やFC契約がさらに広がると考えられます。

　所有直営方式であれば、オーナー（兼経営者）からの、そしてFC契約であれば、経営層の派遣等人的支援以外の各種ノウハウ、ブランド力や集客力が提供されます。ある程度、人的資源や運営ノウハウが豊富である経営会社であれば、運営会社からの人的支援までは必要とせず、FC契約にとどめてコストを圧縮しつつ、集客力やブランド力を得ることができます。そのほか、名称のみ使用する場合等ではロイヤルティ契約やライセンス契約もみられます。

　これら契約を締結することにより、カスタマーエクスペリエンスを向上させるほか、コロナ終息後にインバウンド需要が回復する際に、国際的ブランドを冠することで、外国人観光客やMICE（企業等の会議（Meeting）、企業等の行う報奨・研修旅行（インセンティブ旅行）（Incentive Travel）、国際機関・団体、学会等が行う国際会議（Convention）、展示会・見本市、イベント（Exhibition/Event）の頭文字をとった造語）市場に訴求しやすくなることが期待できます。また、運営会社がもつ集客力、リスク管理、運営力および組織管理ノ

ウハウを得ることができます。さらに、ワールドホテルチェーンのなかに
は、会員数が1億人を超えるところもあり、特に外国人会員の利用が見込ま
れます。宿泊施設が所在する市場環境にもよりますが、宿泊客に占める会員
の利用比率は30～50%程度が期待できます。この会員利用が多ければ、その
分、海外OTA（インターネットエージェントサイト）を使用しなくてもよいた
め、エージェント手数料を抑えられるほか、料飲部門の売上げ増も期待でき
ます。

　また、MC契約を締結した運営会社（ブランド）が介在することで、オー
ナー、不動産賃貸借人、いずれからの委託であっても、運営会社のシステム
を利用でき、より高度な部門収支の分析や報告が可能となります。

　なお、各運営会社（ブランド）が個々のブランドのデザインや施設構成、
設備要件を定めていることから、それらとの調整が必要となります。たとえ
ば、会員組織を有する場合、クラブラウンジ等の会員用設備の設置が求めら
れ、会員利用比率が高くなるほど、広めのスペースが求められる傾向があり
ます。

コラム

GK-TK（合同会社匿名組合）方式による
リスクマネーの導入

　不動産賃貸借方式の賃貸収入を目的とした不動産投資ファンドの形態と
して、最近よくみられるのが、GK-TK（合同会社匿名組合）方式です。出
資者が単独の場合には、GKを設立します。さらに複数の投資家が必要な
場合、GK-TK（匿名組合）への出資を募集します。TK出資者に適切に配当
を行うことでTKへの課税を回避（二重課税回避＝パススルー）すること
ができます。

　GK出資者については、定款で代表社員となる社員を設置します。代表
社員は、職務執行者となって資産運営管理を行います。既存事業会社は
GKに資産を売却しつつ、そのまま不動産賃貸借契約をGKと締結すること

で、事業を継続します。いったんGKに移した資産を、将来、事業会社に戻す契約とすることも可能です。

　なお、資産を受益権化しない場合は、原則、不動産特定共同事業法（以下「不特法」）に該当します。GK-TKスキームの場合、匿名組合（TK）出資者は、合同会社（GK）の事業で生じた利益は、法人税法基本通達14-1-3により匿名組合出資者にパススルーされ、GKで生じた利益には課税されず、利益配当を受けたTK出資者に対して課税されることで、二重課税を回避することができます。2013年12月20日に改正不特法が施行され、従来、GK-TKスキームで不動産証券化スキームを組成する際は、不動産を信託受益権化して取得する必要がありましたが、一定の要件をクリアすることで、現物不動産そのものを取得するスキーム組成も可能になりました。

　また、GKは、投資収益よりも、宿泊施設の存続がもたらす地域活性化を主な目的として運用されるケースもあります。

　GKスキームでは、特に対象となる宿泊施設の堅固な事業性と実現可能な将来事業計画が必須です。また、関係者はそれらを適切に見極める眼力を備えておく必要があります。たとえば、過去の修繕履歴に加えて将来における修繕計画が信頼できる情報や第三者が建物調査した結果であるエンジニアリング・レポートが必要でしょう。特に、給排水衛生設備や空調設備等は、詳細な確認作業が求められます。ここで、建物設備管理者が豊富な経験と知識を有しているかも重要な要素となります。

　また、マーケット環境におけるポジショニングが明確化されており、持続可能な組織構成がなされている事業会社が望まれます（図表3－2、3－3）。

図表3－2　通常のGK-TKスキーム図

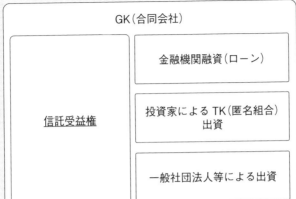

GK（合同会社）

信託受益権

金融機関融資（ローン）

投資家による TK（匿名組合）出資

一般社団法人等による出資

図表3－3　改正不特法によるGKスキーム

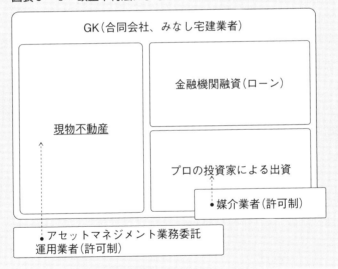

GK（合同会社、みなし宅建業者）

現物不動産

金融機関融資（ローン）

プロの投資家による出資

・媒介業者（許可制）

・アセットマネジメント業務委託
運用業者（許可制）

第 **3** 節　所有と経営の分離のメリット

　ホテルや旅館の、所有（不動産）と経営を分離することは、事業を取り巻くさまざまなステークホルダーにとってどのような意味があるのでしょうか。プレーヤー別のメリットと留意点を考えてみます。

⑴　オーナーにとってのメリットと留意点

　経営者に対して宿泊施設を賃貸することで、オーナーは、直営することに伴う事業リスクを切り離すことができます。また、事業収入から不動産賃料収入に変換することで、将来、売却を想定している場合、その売却先を、事業を直接行う施設取得者だけではなく、不動産賃料収入に着目して収益不動産に投資する賃貸用不動産投資マーケットに広げることができる点があげられます。また、不動産賃貸契約があることで、融資対象としても金融機関との資金調達交渉がやりやすくなるはずです。

　一方、留意点として、歩合賃料の場合には、不動産賃借人との間で、毎期末に次年度予算をしっかり協議し、オーナーが負担する賃料変動リスクを最小限にとどめる仕組みを導入する必要があります。もう一つ重要な留意点は、知識と経験が豊富な施設管理者の存在です。宿泊施設ではさまざまな設備をそれぞれの耐用年数に応じて更新しますが、熟練の施設管理者がいれば、長期的視点で必要十分な更新計画を的確に構築できます。オーナーが負担する設備の補修や更新費用は高額にのぼることから、長期的視点で投資計画を策定し、資金を用意したうえで適切に実行していく必要があります。

⑵　経営者にとってのメリットと留意点

　宿泊施設を賃借する経営者にとってのメリットは、事業に100％注力でき

ることです。不動産をファンド等に売却し、経営に専念することになった経営者（旧オーナー）は、オフバランスによって調達した資金を事業性強化に使用できる点も大きなメリットです。

経営者にとっての留意点は、(1)のオーナーの裏返しです。今後の不動産賃貸借方式においては、歩合賃料制を取り入れるケースが増えてくると予想されます。オーナーをはじめ利害関係者に対してしっかりと説明できる収支計画、つまり年次予算を販売計画から綿密に構築できるプロフォーマ作成能力が求められます。

(3)　金融機関にとってのメリットと留意点

宿泊施設の財務リストラクチャリングが成功し、地域と一体となった観光事業を推進できれば、集客力のある宿泊施設を中核とした街づくりをはじめ地域の経済活性化につながります。このことは、地方創生の一端を担う地域金融機関にとっても重要な点です。また、コロナ禍を経て過剰債務状態に陥っているメイン先のホテル・旅館のオフバランス化がベースとする資産の売却価額と将来の賃料収入を含む収支計画が合理的であれば、既存融資をいったん回収し、あらためて持続的成長に資する支援に切り替えていくことが可能になります。

所有経営分離のスキームを適用し、外部からの知見やノウハウを注入しても、持続的な発展につながらなくては、財務リストラクチャリングの意味がありません。また、地域活性化のためには、長期的には地元企業による経営が望ましいといえます。そこで特に地域との関係を深く有する地方銀行の理解とともに、可能であればハンズオンのかたちで、経営にも一部関与しながら、運営ノウハウを地元に定着させるのが理想的です。

その際、金融機関は、(1)でみたオーナーと同様の点に留意するだけでなく、「観光地の支援」が空港や主要駅と観光地をつなぐ二次交通の整備、観光地全体の地域連携を率先して支援するなど、より高く広範な視点からの支援をあわせて検討することが重要です。

⑷　生産性向上のきっかけに

　日本のホテル・旅館業は、他の産業と比べて生産性が低いといわれてきました。旅行・観光産業自体は、つくりだす付加価値が国内GDPに多大な影響を与えるほどの存在であるものの、個々の宿泊施設は中小企業がほとんどであり、また、設備投資に多額の資本を要する一方で典型的な労働集約産業であるため、生産性が向上しにくい構造です。日本の宿泊施設の平均客室単価（Average Daily Rat：以下「ADR」）が海外に比べて低い水準にあることから、たとえば異業種企業が宿泊施設と提携することによるイノベーションが生まれる余地が小さいことも要因の1つかもしれません。

　慢性的な人手不足によるサービスの低下が懸念されながら、人件費率が高い財務構造ゆえに、他の産業に比べて低い賃金水準（男性27万8,200円、女性20万8,900円（厚生労働省「令和2年賃金構造基本統計調査の概況」））を引き上げることでスタッフを確保することがむずかしいという施設がほとんどです。このような状況で観光立国を目指せるのでしょうか。

　今後の大きな課題は、宿泊事業の労働生産性の引上げ、宿泊業に携わるスタッフの地位向上です。さらに、旅館では後継者不足も大きな問題となっています。

　これらの日本の宿泊業の構造問題の1つの解決策が、所有・経営・運営の分離であると筆者は考えます。

　所有と経営、運営は本来、専門領域が異なります。すなわち、不動産の所有者は、PM（プロパティマネジメント）や資産管理のプロフェッショナルであるべきで、適切な設備修繕管理能力を備える必要があるほか、時代の変化に対応して適切なバリューアップ投資を行う能力や資力が求められます。これに対して宿泊事業の経営者は、常に顧客ニーズを把握しながらターゲット顧客層を明確化し、効率よく人員配置を行いつつ、顧客満足度ならびに従業員満足度の向上を追求するプロであるべきです。あわせて、地域観光素材の情報発信拠点（メディア）となる等、地域と連携することが求められます。そして運営者は、ブランディングのプロとして、事前情報を国内外の厚い会

員層にPRするほか、ハードウェア（建物や設備）とソフトウェア（さまざまな管理システム）、ヒューマンウェアのすべてをコーディネートし、ブランドに対する事前の期待を裏切らないよう現場管理を行う（「ブランド・オーディット」といいます）ことを通じて、収益性の向上に貢献することが求められます。

こうした、それぞれのプロフェッショナリティの発揮を通じて、安定的かつ持続的な生産性の向上が実現できると考えられるのです。さらに、地域との連携から、宿泊施設は、地域にとっての観光を軸とした経済的プラットフォーム、つまり社会インフラともなり、スタッフの地位向上とモチベーションアップ、さらにはスタッフの給与水準の引上げにつながるのではないでしょうか。

日本旅館では、所有と経営を分離し、適切な経営者にのれんを引き継ぎ、文化資産としての旅館営業を継続させることが期待できます。

⑸　オフバラ化のプロセス例

以下では、西日本のある温泉街に所在する所有直営形態のホテルが、コロナ禍に直面したことで、不動産をオフバランスしたプロセスを紹介します。

まず、不動産を取得する新オーナーの利害関係者は、マーケットの季節変動性や対象顧客の主な発地はどこか、施設利用の安定性を確認しました。次に行ったのが建物リスクに関し遵法性の確認、長期的な修繕費がどれほど必要かという長期修繕計画の精査です。こうして宿泊施設としての事業性に関するデューデリジェンスを実施し、適正価格の提示を行ったうえで、新オーナーはGK（合同会社）が設立され、地方銀行からの融資を受けた後に宿泊施設を取得しました。

そして、この宿泊施設のこれまでの事業者がGKと不動産賃貸契約を締結し、継続して事業を行っています。当該事例では、GKスキームを活用しつつ、TK（匿名組合）は設置せずに、融資とGK出資者のみでオフバランスさせました。

成功のポイントとして以下の点があげられます。

・賃料条件が固定賃料方式であるものの、賃料水準について、事前に賃借人の事業性やマーケット環境、財務基盤およびビジネスモデルの検証が行われた。折悪しくコロナ禍の最中であったが、賃料収入の検証にあたっては、その悪影響まで考慮した事業性見通しのもとでも安定的に収受が可能な賃料水準であることも確認された。

・観光が街づくりになるという共通の価値観を有する投資家と地方銀行が協力体制を構築できた。

・地域の観光活性化を目指すDMOとも連携するべく、賃貸人と賃借人の双方が協力して取り組んでいること。

・観光DXを段階的に導入し、さまざまな情報を活用して宿泊施設のレベニューマネジメントに活用するほか、デジタル化された地域情報を顧客に情報発信（例えばバーチャルツアー体験など）を通じて、地域と顧客をつなぐメディア機能が模索された。

・宿泊施設自身が地域観光資源を事業として産業育成しながら、地域のスタートアップ企業を支援する仕組みが模索されていること。

・以上の取組みに関する情報をデジタル化することで新たな付加価値創出を図るとともに、さまざまな地域資源という「点」が宿泊施設を中心につながることが企図されたこと。

・その結果、「面」的に成長する地域経済のプラットフォームとして、宿泊施設が機能するようビジネスモデルの再構築を図っていること。

　今後、コロナ禍が終息しインバウンド需要が戻ってきたときに備えて、グローバルな感覚をもって情報発信する準備を進めておく必要があります。エリアプロジェクトマネージャーの活躍や産業DXの伸展等を背景に、同様のオフバランス事例、つまり、宿泊施設を地域経済のプラットフォーム化するような事例が増えると期待されます。

第 **4** 章

不動産賃貸借契約・運営委託契約のポイント

　ここでは、宿泊業界において標準的な不動産賃貸借契約書に多くみられる
事項について解説整理します。

(1)　賃貸借契約書の標準的仕様

　宿泊施設（ホテル・旅館等）に係る賃貸借契約の条件はさまざまです。そ
こで、以下では、まず、契約書上の甲（賃貸人）に帰属する資産を説明の便
宜上「甲区分資産」、乙（賃借人）に帰属する資産を「乙区分資産」と呼び、
それぞれの規定について考えます。その後、その他各種賃貸借条件にまつわ
る諸規定を整理します。

　甲区分資産には、主物である不動産とともに、主物から分離できない、な
いしは建物の構成部分である従物（民法87条１項、２項）、さらに不動産に附
合した動産である「附合物」が含まれます（民法242条）。一方で、乙区分資
産は、「主物に属しても独立性を失わない」、すなわち賃借人にとって「独立
した権利の対象」です。ただし、当該不動産に抵当権が設定され、競売等に
より権利が行使された場合に抵当権の担保効力がこの従物にまで及ぶかにつ
いては、抵当権設定時に特段の定めをしていない限り、その法的解釈や説明
の仕方に差異がみられるものの、原則として抵当権の設定前後を問わず従物
にもこの担保効力が及ぶことに注意が必要です。

(2)　建　築　物

　建築物については、躯体に関連する主要構造部、外構仕上げに関連する外
部仕上げ材や外部建具および内装仕上げに関連する内装の下地や内装の仕上
げ（スケルトンまで）までは、賃借人都合による変更も含めて甲区分資産と

する傾向が強いようです。一方で、スケルトン以降の内装の仕上げや賃借人都合による内装変更の費用は、賃借人が負担するとともに賃借人の資産として取り扱われるケースが多く見受けられます。

なお、契約書に記載されている面積については、多くが建物の延床面積を採用しているようです。

⑶　電気設備

電気（受変電設備、自家発電設備）については、甲区分資産として扱われ、その後の賃借人都合による変更・増設部分については、賃借人負担、乙区分資産として扱われるケースが多いようです。その他幹線動力設備、電灯・コンセント設備、照明器具については、基本的に甲区分資産として取り扱われるものの、多くの場合、賃借人都合による変更は賃借人負担かつ賃借人の資産として取り扱われています。

⑷　情報通信設備

電話線配管設備・テレビ共同聴視設備・放送設備（それぞれ共有端子盤までの一次側配線設備、二次側配線設備、端末設備）・インターネット設備・警備防犯設備・LANシステム設備（それぞれ標準設置機器・設備）までは基本的に甲区分資産として取り扱われるものの、賃借人都合による変更は賃借人負担かつ賃借人の資産として取り扱われるケースが多いようです。

⑸　給排水・衛生設備

給排水設備（量水器バルブ止めまでの一次側配管設備、それ以降の二次側配管端末設備）・給湯設備（標準設置機器および設備）、給水設備（排水管立上げまでの一次側配管設備、以降の二次側配管設備）・衛生器具設備（標準設置機器および設備）・ガス設備（ガス遮断弁までの一次配管設備、以降の二次配管端末設備）については、基本的に甲区分資産として取り扱われるものの、賃借人都合による変更は、多くの場合、賃借人負担かつ賃借人の資産として取り扱われています。

(6) 空調設備

冷暖房設備（バルブ止めまでの一次側配管設備、以降の二次側配管端末設備）・換気設備（標準設置ダクト機器および設備）・自動制御設備（標準設置機器および設備）については、基本的に甲区分資産として取り扱われるものの、賃借人都合による変更は賃借人負担かつ賃借人の資産として取り扱われるケースが多いようです。

(7) 外　構

植栽および庭、舗装、外灯設備、フェンス・門扉については、引渡し時仕様のままであれば基本的に甲区分資産として取り扱われるものの、賃借人都合による変更は賃借人負担かつ賃借人の資産として取り扱われるケースが多いようです。

(8) 防災設備および付属施設

法令上必要な器具、区画壁、消防設備の標準設置機器および設備については、基本的に甲区分資産として取り扱われるものの、賃借人都合による変更は賃借人負担かつ賃借人の資産として取り扱われるケースが多く、工作物については、袖看板や独立広告塔までについては、基本的に甲区分資産として取り扱われ、賃借人都合による変更は賃借人負担かつ賃借人の資産として取り扱われるケースが多いようです。また不特定多数の人たちが出入りする区画にあるサインは甲区分資産、宿泊専用フロアの各種サインは、多くの場合、乙区分資産とされます。

(9) 備品等

備品等については、大半は乙区分資産として取り扱われるケースが多いものの、特殊内装や建物と一体となった照明器具、厨房器具また造り付けの家具は甲区分資産として取り扱われるケースが多いようです。運営上の備品類では、寝具やリネン、スタッフのユニフォームや食器調理用具、工作機器、

事務機器、その他ワゴンは乙区分資産、またPOS（Point of sales：販売時点情報管理システム）やPMS（Property Management System：宿泊施設管理システム）は乙区分資産とするケースが多いようです。その他、出入口扉やユニットバス、自動ドアやシャッターは甲区分資産、カーテンボックスやカーテン、宴会特殊施設や消火器は乙区分資産と取り扱われるケースが多く、修繕等の判断は経営する賃借人になるでしょう。

　もちろん、上記分類はそのような分類方法が多くみられるという例示にすぎず、実際にはそれぞれ個別の契約によって具体的に規定されることになります。

⑽　資産の甲乙区分に関する留意点

　資産の甲乙区分の際に留意しておきたいのは、老朽化したり壊れた場合に、迅速な対応が必要な設備についてです。特に傷みを放置しておくと、宿泊施設の競争力を著しく損ねるおそれがあり、賃貸借契約を結ぶときに綿密かつ柔軟な規定を設定しておくことが望ましいでしょう。

　たとえばエレベーター内部の足元の内装やエレベーター扉の装飾、エレベーター枠や客室階通路の足元の内装（絨毯、足元サイドクロス）、客室ドアは顧客の荷物が当たりやすく、劣化が早いことから、ホテル側（賃借人）の判断で臨機応変に対応できるよう柔軟な規定を設けておく必要があります。ホテルの第一印象を左右するロビーやフロントカウンターについてもホテル、つまり賃借人が素早く対応できるようルールを決めておくべきでしょう。

　もちろん排水管や空調機も重要です。排水管は人体の血管にあたるものであり、詰まってしまうと大変です。定期的な点検と清掃（高圧洗浄等）が必要です。空調機も時間の経過に伴ってファン機能が低下すると、異音や振動を発生させて客室内の快適性を損ね、やがて運転不能になってしまいます。修繕の責任は賃貸人である所有者がもつのか、それとも賃借人であるホテル側にあるのかについて、資産の甲乙区分という切り口だけではなく、長期的修繕か日常短期的修繕かに分けて責任の分担を明確にしておくべきです。

⑾　修繕区分・更新区分

　建物の修繕は、維持管理に関する項目に係る費用については賃借人が負担し、更新工事のうち建物の躯体や附合物については賃貸人が負担するケースが多く見受けられます。また、更新区分は資産区分に準じるというケースが多いものの、日常修繕や管理項目については契約によって差異がみられます。さらに、維持管理や更新工事に関する負担区分は別途区分表を添付する場合と添付しない場合があり、また維持管理と更新工事を厳密に区別する場合とそうでない場合に分かれます。短期的にはそれほど大きな問題が生じることは少ないでしょうが、いずれ細かな修繕、更新工事が必要になることから、建物管理をスムーズに行うためには、修繕区分表を設けるとともに、更新工事と日常修繕や管理項目を分けて責任範囲を明確にしておくことが大切です。

⑿　契約満了時の原状回復規定

　宿泊施設など事業用建物の賃貸借契約における原状回復義務は、「賃借人において賃借物件を賃貸借契約締結時の状態まで復旧して返還することを約した特約である」と解されています。実際には契約期間の満了後に賃貸人と賃借人が協議のうえ具体的な回復内容を決定することが多いようです。契約締結時に原状回復の範囲を定めておく場合には、資産区分に準じて責任をもつ場合が多いようです。また、ホテルブランド等への運営委託のケースでは、原状回復義務が明記されていないことがあります。原状回復工事を実施するのは、賃借人が原則ですが、賃貸人が指定する業者の場合も見受けられます。その際に生じる有益費（賃借物の改良のために賃借人が支出した費用等のこと）償還請求権および造作買取請求権（特に後者）については、旧借地借家法では強行規定であり、これを定めた規定を特約によって排除することができませんでした。つまり賃貸人の同意を得て建物に付加した造作の買取請求権が賃借人に認められていたのです。その後、1992年に施行された新借地借家法により、強行規定ではなく「任意規定」として、つまり賃借人の造

作買取権を放棄する特約が有効になりました。賃借人に原状回復義務を課す一方で、有益費償還請求権や造作買取請求権を賃借人に認めることは、矛盾するため、これらの規定は特約により排除されることが可能となったわけで、実際に多くのケースでその趣旨の特約が設けられています。さらに、賃借人が設置した資産である残置物に関しては、賃借人は残置物の所有権を放棄または無償譲渡することとなり、残置物の使用・処分する権利は賃貸人に帰属する傾向が多くみられます。この際、賃貸人が残置物を処分する際の費用は賃借人負担とされることが多いようです。

⒀　定期建物賃貸借契約か普通賃貸借契約か

賃貸借契約については、建物賃貸借契約兼建物管理業務委託契約等、建物管理業務委託契約を含むものも多く見受けられます。

定期建物賃貸借契約か普通賃貸借契約かについては、前者がやや多いようです。

契約期間については、個々の契約によって異なるものの、賃貸人が建物の仕様を指定するような「オーダーメイド賃貸」の場合において、定期借家の場合で建設協力金等の差入れが伴う場合であれば、10年から30年といった契約が多くみられます。

一方で定期借地契約とは異なり、定期建物賃貸借契約では、契約満了時に建物の取壊しの必要がないため、3年程度の比較的短期間の契約となっている場合も少なくありません。

⒁　賃料、敷金、保証金、建設協力金

賃貸条件については最低保障賃料見合いの固定賃料に別途変動（歩合）賃料が採用されているケースが増えています（なかには100％変動賃料というものもあります）。また、完全固定賃料のみの場合では開業後の経過年度に応じて賃料に変化をもたせ、経年に応じて賃料を増加させる条件設定もみられます。契約期間満了時に賃貸人が負担すべき造作や設備等の買取費用を考慮し、賃借人の原状回復義務の有無によって賃料水準を調整しているものも見

受けられます。

　契約期間が長期の場合でありかつ固定賃料の場合では、多額の敷金や保証金の授受がなされる傾向があります（６カ月から30カ月までさまざまですが、６カ月前後が多いようです）。一方で、賃料条件に変動賃料が織り込まれている場合であれば、市場環境が悪化すると、賃料も同様に減額されることになるので、敷金等の一時金の支払がごくわずかであったり、なかには０円というケースもみられます。また、多額の敷金や保証金の授受がなされるときは、建設協力金的性格を有している可能性もあります。建設協力金は、賃借人から無利息で建設資金に充当する目的で供与され、返還を要するもので、契約期間中は当該建設協力金から賃料見合いを相殺するかたちで賃料支払がなされ、万一途中解約があれば、当該差入資金を賃貸人が放棄するという規定も見受けられます。建設協力金を受け取る賃借人にとっては、建設に要する自己資金を圧縮することができるほか、土地のみを賃貸する場合に比べて減価償却費の計上メリットがあります。

　逆にテナントが退去するような場合においては、当該テナント仕様として建物が建設されていることから、賃貸人には次のテナントを探すという大きな負荷がかかる可能性があります。加えて建設協力金の返済義務を負うことになるという点に十分留意が必要です。

　建設協力金は、ホテルではオーダーメイド賃貸の場合に特に見受けられます。ホテルの新規開発で賃貸借契約による場合であれば、ホテル経営会社である賃借人が建物仕様を指示することも多いため、このような金銭授受が多くみられるのです。建設協力金がある場合、賃料が適正かどうかがわかりにくくなり、建物が特定のホテル運営者に固有の仕様となっていることも多く、賃貸人の賃料交渉力が総体的に低下してしまう可能性がある点にも留意する必要があります。

オーダーメイド賃貸解約後のリテナント不調リスク

外資系ホテルブランドが多く進出した2000年以降、不動産オーナーは運営（ブランド）や事業会社が提示する施設仕様書を受け入れ、要求されるハード要件を満たすことを前提に開発が進められてきました。もし、それらが日本における標準的仕様や国内顧客のニーズと一致しない場合には、将来、事業会社が撤退した後、オーナーはリテナント（テナントが退去した後、新たに賃借人を入れること）に苦労することになるでしょう。不動産賃貸借契約の段階で、事業会社が求めてくるハード仕様が代替性のあるものかどうかの確認も欠かせません。

⒂　中途解約

普通賃貸借契約の場合であれば、賃借人保護の性格が強く、一定の月数までに解約通知を行うよう規定が設けられていることが多いようです。定期建物賃貸借契約の場合では、借地借家法38条7項は、一定の場合（※）には賃借人からの一方的な意思表示による中途解約ができると定めていますが、それ以外の場合であれば、原則中途解約はできない、つまり契約期間相応の違約金を支払わないといけないということになります。

※一定の場合とは、①居住用の建物賃貸借契約であること、②床面積（建物の一部分が賃借物件であるときは当該一部分）が200平方メートル未満であること、③転勤、療養、親族の介護その他のやむをえない事情により、賃借人が建物を自己の生活の拠点として使用することが困難になったこと、という3つの条件をすべて満たしている場合です。

ただし、中途解約については、別途特段の取決めがある場合にはそれに従うことになります。ホテルの定期賃貸借契約とは定期建物賃貸借契約で居住用でない場合ですので、原則中途解約はできず、残期間全額の賃料支払が必要とな

りますが、賃借人に中途解約を認める特約を結んでおけば中途解約が可能ということになります。ホテルは経済環境の変化等大きな影響を受けやすいので、契約当初に当該規定について慎重に議論しておく必要があります。

⒃　賃料改定

　賃貸借契約では、甲乙の協議事項とされている賃料改定ですが、現実には甲（賃貸人）からの突然の増額請求、あるいは乙（賃借人）からの減額請求がなされることが少なくありません。賃貸借契約当初に定めた賃料水準が、契約当事者の一方にとって妥当ではなくなったから変更したい、と要求することには法的根拠はあるのでしょうか。1つのポイントに「事情変更の原則」という考えがあります。これは、明確な法規定はないものの、世界共通といえる一般原則です。日本では民法1条2項の「権利の行使及び義務の履行は、信義に従い誠実に行わなければならない」、すなわち、相互に相手側の信頼を裏切らないよう行動すべきという「信義誠実の原則（信義則といいます）」を根拠としています。

　つまり、契約締結時に前提とされた事情がその後変化し、当初の契約どおりに履行させることが当事者間の公平に反する結果となる場合に、当事者は契約解除や契約内容の修正を請求しうるというわけです。

　当該事情変更の原則が適用される要件とは、①契約締結後に著しい事情（当該契約の基礎となっていた客観的事情）の変更が生じたこと、②著しい事情の変更を当事者が予見できなかったこと、③著しい事情の変更が当事者の責に帰すべからざる事由によって生じたこと、④契約どおりの履行を強制することが、著しく公平に反し、信義則にもとる場合、として整理されています。この事情変更の原則の考え方を借地借家法のなかで権利として認めたものが、賃料増減額請求権（借地借家法11条、32条）です。以下、（定期建物賃貸借契約ではなく）通常の賃貸借契約を前提に説明します。

　賃料増減額請求権の要件については、①現行の賃料が客観的にみて「不相当」になっていること、②前回の改定から相当の期間が経過していること、③不増額の特約がないこと（将来にわたって賃料を減額しないという不減額特

約は強行規定に反しており、無効。ただし、不減額特約が付された当初の事情は勘案されうる）です。

①の「不相当」について借地借家法32条1項は、宿泊施設の建物を賃借している場合、土地もしくは建物に対する租税公課の増減により土地、もしくは建物の価格やその他の経済事情の変動により、あるいは近傍の同種建物（宿泊施設等）の賃料と比較して「不相当」と判断し、賃料の増減を要求できると解釈されます。ただしこれらはあくまで例示にすぎませんので、そのことで直ちに賃料増減額請求権が発生するというものでもありません。前述のとおり、当事者を当初の契約条件に拘束することが信義則にもとることになると判断される場合に認められるものですので、当事者間の個別事情を総合的に鑑みて判断されることになります。

これまでの判例をみると、賃料が決定された際の経緯や事情について、特に約定された賃料と近傍同種の賃料相場との関係や、賃借人が営むであろう事業収支に対する当事者双方の見込み、敷金の額や賃貸人の銀行借入金の返済予定に係る事情等も考慮すべきとしています。ホテルの賃貸借の際に、賃借人の意向が建物の意匠性等に影響しているような場合、つまりオーダーメイド賃貸の場合には、そうした事情も考慮されます。

②の相当の期間が経過していることに関しては、条文上はある程度の期間の経過が求められるとも読めるものの、前回改定時からそれほど期間が経過していない場合であっても経済的環境の大幅な変化等の事情変更を認められれば適用すべきとの解釈がなされています。

結局は①と③が具備されていれば、賃料増減額請求権が契約条件にかかわらず生じ、内容証明郵便等により送付する等単独の行為で法律的効果が生じることになります。この相当額に関して契約当事者間に争いがある場合にはまず調停に付されることになりますが、ここでいう改定時の相当額が、次項でみる不動産鑑定評価上の「継続賃料」とされる概念に当たります。

オーダーメイド賃貸の賃料増減額請求権

　オーダーメイド賃貸であっても「賃貸借契約」である以上、前述の賃料増減額請求権が原則的に認められることになります（借地借家法11条、32条）。賃料増減額請求権については強行法規として仮に特約が付されていたとしても請求可能と解されます。ただしその場合に現行賃料の「不相当」判断については、オーダーメイド賃貸の「契約の経緯」が考慮されることになります。

　オーダーメイド賃貸で、特に意匠性の高い内外装仕様を賃借人が求める際に、別途建設協力金を差し入れることがあります。建設協力金とは、賃借人から賃貸人に対して無利息で建設資金に充当する目的で貸し付けられるものです。貸付である以上返済を要するものであり、契約期間中は賃料と相殺するかたちで建設協力金を返済するケースが多く、賃借人側の事情により賃貸借契約が途中解約される場合には、当該貸付金を賃借人が放棄するという規定も見受けられます。

　建設協力金を受け取る賃貸人にとっては、建設や改装に要する自己資金を圧縮することができます。また、建物は貸し出さず、土地のみを賃貸する場合に比べて減価償却費計上のメリットもあります。一方で、もしテナントが退去するような場合においては、建物自体が当該テナント仕様となっていることが考えられることから、特段の定めがない限り新規テナント誘致が困難となることに加え、建設協力金の返済義務も負うことになります。

　建設協力金として支払われた金額が、敷金や保証金と同じく預り金的性格を有する一時金、あるいは賃料の保証的性格を有するものと認められる場合、預り金の運用益は、不動産鑑定評価上、賃料の一部を構成することにもなります（「実質賃料」＝「支払賃料」＋「一時金の運用益および償却額」）。また、建設協力金、通常の敷金や保証金の支払額の水準と比較して高額であるような場合には、金融的性格を有する金銭消費貸借とみなされ、不動産が生み出す賃料とは異なるものと解釈されますが通常の敷金、保証金と同水準であり、かつその使途が明確ではないような場合には、実

質的には敷金や保証金等と解釈して実質賃料の構成要素として取り扱ってもさしつかえないと判断されます。

　また、オーダーメイド賃貸の場合、新規賃料を求める際の計算式である積算法（基礎価格×期待利回り＋必要経費等）上、賃料に影響を与えることになります。

　賃貸人と建設協力金を捻出した当初賃借人以外の第三者との関係で基礎価格を考える場合には、仮に当該建物が通常求められる建物仕様以上のものであり、一般的にその超過部分に対して賃料を支払うことがないと考えられることからも、基礎価格は通常市場で求められる建物まで減価修正の必要性を検討します。

　一方で、新規に建設協力金を捻出した賃借人と賃貸人との関係であれば、当該建物の建築自体が、当該賃借人の要望でもあることから、基礎価格の算定上オーダーメイド性を考慮すべきといえ、実際の建築当時の当該建物を前提とした再調達原価あるいは実際建築費から建物価格を求めることが、投資回収という観点から妥当と考えられます。また、必要諸経費のなかで、減価償却費を求める際に、オーダーメイドの建物に対する減価償却については、上記と同様の理由から、建設当初の建物再調達原価を基礎とした減価修正を行う必要があります。このようにオーダーメイド賃貸では、賃借人の負担可能金額を含むさまざまな要素が賃料に影響を及ぼすことに注意が必要です。

⒄　継続賃料

①　不動産鑑定法上の概念

　継続賃料とは、不動産の賃貸借等の継続に係る特定の当事者間で成立するであろう経済価値を適正に表示する賃料であり、①継続中の建物およびその敷地等の賃貸借等の契約に基づく実際支払賃料を改定する場合の継続賃料と、②契約上の条件または使用目的が変更されることに伴い賃料改定する場合の継続賃料とに分けられます。このように継続賃料とは、「特定の当事者間」における事業の継続を前提とした賃料であり、通常の合理的な市場を前提とする新規契約の際の「正常賃料」とは明確に区別された賃料概念です。

つまり、正常賃料であれば、経済的合理性を追求する複数の需要者および供給者を前提とした市場賃料を求めることになりますが、継続賃料は当該契約当事者間において妥当と判断される賃料を適切に求めようとするもので、市場性を考慮するものの、特に契約当事者間における「衡平性」が重視されることになります。この継続賃料鑑定評価の依頼は、主に賃料に関する増減額請求に伴って求められることが多いといえます。

② 継続賃料の算定方法概要

継続賃料の改定は、①継続中の建物およびその敷地等の賃貸借等の契約に基づく実際支払賃料を改定する場合と、②契約上の条件または使用目的が変更されることに伴い賃料を改定する場合に分けられます。契約上の条件または使用目的が変更されることに伴い賃料を改定する場合、継続賃料の決定にあたっては、継続中の建物およびその敷地等の賃貸借等の契約に基づく実際支払賃料を改定する場合の継続賃料を適切に算出し、それに契約上の条件または使用目的の変更による経済価値の変化を加味して査定します。

継続賃料を求める手法には、差額配分法、利回り法、賃貸事例比較法、スライド法等があります。

それらの手法を適用して継続賃料を適切に求めるためには、

・契約の内容および契約締結経緯
・契約上の経過期間および残存期間
・賃料改定の経緯
・更新料の必要性
・近隣地域または同一需給圏内の類似地域等における建物およびその敷地の賃料、その改定の程度とこれらの推移、動向
・賃料に占める純賃料の推移、動向
・不動産投資に対する適正利回りの推移、動向
・公租公課の推移、動向等

を総合的に勘案する必要があります。

継続賃料を求める評価手法を以下に整理します。

③ 差額配分法の適用

対象不動産の経済価値に即応した適正と判断される新規の正常実質賃料と、実際実質賃料（実際支払賃料＋保証金運用益＋支払済権利金等償却額＋支払済権利金の運用益分）とを比較し、両者の間に差額が生じている場合に、賃貸人に帰属する部分、つまり実際の賃料を加減算する額を判定して継続賃料を試算する手法です。

ホテルの賃貸借契約でも多くみられますが、一時金の額が多額である場合には、その運用益や償却額に影響が及びます。支払賃料ベースで分析を行い、最後に価格時点の一時金の運用益および償却額を加算して実質賃料を求めたほうがよい場合もあります。

最高裁判例によると、「減額請求の当否および相当賃料額」については、「賃貸借契約の当事者が賃料額決定の要素とした事情その他諸般の事情を総合的に考慮すべきであり、本件特約の存在はもとより、本件各賃貸借契約において賃料額が決定されるに至った経緯や本件特約が付されるに至った事情等をも十分に考慮すべきである」とされています。この相当賃料額の判断には、賃料額決定の要素とした事情、その他諸般の事情を総合的に勘案する必要がありますが、差額配分法の適用では、「賃貸人に帰属する割合」の判定である配分率の査定において、それらの事情を考慮することになります。配分率の査定においては、実務上折半ないしは3分の1などの判断がなされます。その際契約締結時からその後賃料改定時まで、賃貸人および賃借人双方の事情がどのようなものであったか（オーダーメイド賃貸等の事情も含む）、また、それぞれの地域に与えた貢献までをも含めて判断されます。ホテルや旅館が、宿泊機能だけではなく、情報発信拠点やコミュニティー拠点機能を提供するほか、震災時には安全基地として地域にとって欠かすことのできない多岐にわたる機能性を提供している場合があります。賃料改定にあたっては、そうしたさまざまな機能提供に不動産所有者である賃貸人や経営者である賃借人がどのように貢献しているかも慎重に判断されるべきです。また、近隣地域や同一需給圏内における賃料改定事例情報が重要な判断材料です。

事例から配分率にアプローチするには、賃料改定率÷市場賃料乖離率で計

算しますが、市場賃料乖離率とは、以下の関係にあります。

（ⅰ）　配分率＝賃料改定率÷賃料乖離率

（ⅱ）　賃料改定率＝改定賃料÷実際支払賃料－1

（ⅲ）　賃料乖離率＝新規を想定した正常支払賃料÷実際支払賃料－1

　たとえば、新規を想定した市場賃料が60で実際支払賃料が70とすると、60÷70－1で約－14.3％と求められます（ⅲ）。また、継続に係る賃貸事例の改定率をみると、改定賃料が65で当初実際支払賃料が上記のとおり70だったとすると、65÷70－1で約－7.1％と求められます（ⅱ）。つまり配分率は（－7.1％）÷（－14.3％）で約50％と計算できます（ⅰ）。

　なお、配分率の査定の参考情報の1つとして、テナントの移転費用を参考とする場合もありますが、ホテルの場合は同一需給圏内での移転はあまり現実的ではないため、移転費用からのアプローチは困難でしょう。

④　利回り法の適用

　直近合意時点における基礎価格（基礎価格は原価法（土地価格や開発利益等から構成される付帯費用に建物価格（建物再調達原価－減価修正）を加算）および取引事例比較法を適用して求める）を過去にさかのぼって査定します。次いで当時の直近合意賃料から現必要諸経費を控除することで純賃料を求め、当該純賃料÷直近合意時点の基礎価格により継続賃料利回りも査定します。

　この継続賃料利回りの査定においても、③差額配分法における配分率の査定上の留意点で述べたように「賃貸借契約の当事者が賃料額決定の要素とした事情その他諸般の事情を総合的に考慮」すべきです。賃貸借契約当初から各改定時（直近合意時点を含む）に至るまでの諸事情を把握して、最終的に採用する継続賃料利回りを「衡平性」の見地から慎重に決定すべきということになります。

　特にホテルは多くの場合、賃貸借期間が長期に及ぶため、各時点の基礎価格（物件の時価）を適切に求めることが困難なこともありますが、可能な限り適切な査定を行うことが求められます。また、継続賃料利回りの最終的判断にあたっては、その他各時点における基礎価格の変動の程度にも十分に留意しておく必要があります。

⑤ スライド法の適用

　スライド法の適用にあたっては、一時金の運用益および償却額を含めた実質賃料に変動率を乗じて継続賃料を求めると、一時金の運用益にも同様に変動を想定してしまうことになるので、ホテルの賃貸借契約上多額の一時金が支払われている場合には、支払賃料ベースでの分析が望ましいでしょう。

　また、当該手法の前提として、直近合意時点の実質賃料または支払賃料が妥当であること、さらに、直近合意時点が明確であることを前提としていることから、直近に合意したときの合意賃料がなんらかの事情により妥当ではなくなった場合には、それらの事情も反映した変動率を採用すべきである点に注意が必要です。なお、直近合意時点が不明確な場合においては、そもそもスライド法の適用が困難な場合があることにも留意しなければなりません。

　変動率を求めるにあたっては、さまざまな指標を参考に、指標の重要度に応じて加重を考慮する必要があります。

　ホテルの場合、合意形成の参考になる変動率指標には以下のようなものがあります。

　　・企業向けサービス価格指数（日本銀行）
　　・外国人観光客数（観光庁等）
　　・国内観光客数（観光庁等）
　　・消費者物価指数（各自治体等）
　　・実質国内総生産（実質GDP）（内閣府等）
　　・対象ホテルの売上高
　　・第三次産業活動指数（経済産業省等）
　　・地価公示（国土交通省等）
　　・建設物価指数（経済産業省等）等

　なお、ビジネスホテルであれば、周辺事業所の従業員数の１〜２％程度の１日当りの宿泊需要（客室数）が多くみられました。つまり、周辺事業所の従業員数と一定の関係を有していたのです。ただし、ポストコロナ市場では、Webミーティングが普及したことで、会議目的での出張ニーズはコロ

ナ禍前と比べて30％前後減少すると予想され、全体ではおよそ10〜20％の市場縮小が懸念されます。したがって、コロナ禍前にみられた、周辺事業所の従業員数の１〜２％程度の１日当りの宿泊需要（客室数）に関し、それらパーセンテージが低下している可能性が高い点にも注意が必要です。

シティホテルであれば、観光需要のほか、宿泊部門以外の婚礼宴会、一般宴会、その他MICE関連等の宿泊需要を取り込んでいる場合には、それらに関するデータを参考にすべきです。ポストコロナ市場では、当面の間、やはり大きな影響を受ける可能性が懸念されます。

また、レストラン部門を有する場合には、地元利用者の割合も多いことから地域人口の変化からも影響を受けます。そのような場合には、宿泊関連指標だけではなく、料飲部門などその他部門の指標も適切に把握し考慮に入れるべきでしょう。また、中長期的には、外国人観光客によるインバウンド市場は成長セグメントですので、所在ホテルマーケットの外国人観光客数も重要な指標となります。

⑥　賃貸事例比較法の適用

賃貸事例比較法は、継続賃料の改定に係る賃貸事例を収集して適切な事例の選択を行い、実際実質賃料に必要に応じて事情補正および時点修正を加え、さらに地域要因の比較、個別的要因の比較等を行ったうえで賃料を決定する手法です。新規賃料を求める際の賃貸事例比較法に準じて適用します。しかし現実には、比較可能な賃貸事例、それも継続に係る賃貸事例を収集して適切な要因比較を行うことがそもそも不可能いう場合が少なくありません。

⑦　実質賃料と支払賃料の違い

これまでも何度か登場していますが、不動産の鑑定評価における実質賃料支払賃料の定義をあらためてみてみます。実質賃料とは、賃貸借等の対象となった不動産の賃貸借等の契約に基づく経済価値（使用方法等が賃貸借等の契約によって制約されている場合には、その制約されている程度に応じた経済価値）に即応する適正な純賃料および必要諸経費等から構成されています。

一方の支払賃料は、上記実質賃料から、賃料の前払的性格を有する一時金

の運用益および償却額ならびに預り金的性格を有する一時金の運用益を控除して求められた賃料と定義されています。つまりまず実質賃料を決定し、そこからさまざまな一時金等の運用益や償却額を控除調整し、毎月支払われる支払賃料を算出します。

　賃料の前払的性格を有する一時金として、権利金や、礼金があげられます。これらが支払った賃借人に返済されることはありません。一方、預り金的性格を有する一時金には、敷金や保証金、建設協力金等があげられます。ただし、名称のいかんにかかわらず、一時金が実質的にどのような性格を有しているかで判断されます（地域によって名称が同じでも性格が異なることがあります）。たとえば、賃料滞納等の損害賠償の担保としての性格を有するもの（通常「敷金」と呼ばれます）、契約期間の完全履行を保証するもの（同「保証金」）、建物等の建設資金に充当する目的で供与されるもので金融的性格を有するもの（同「建設協力金」）、営業権の対価やのれん代に相当するものなど、一時金の性格に応じて分類され、運用益や償却額について検討することになります。

　担保的性格、保証的性格の一時金については、契約期間内は無利息で据え置かれ、契約期間終了後に返済されますので、運用益として支払賃料の額に影響を与えることになります。保証金では契約期間の中途まで据え置かれ、その後均等償還される場合もあります。金融的性格を有するものであれば、長期金利の一般の融資条件と比較し賃貸人にとって有利な場合には、その差額相当額が支払賃料に影響を与えることになります。したがってこの場合には、支払条件の詳細確認が必要となります。営業権の対価やのれん代に該当するような一時金については、不動産に帰属するものではないので支払賃料に影響を与えません。

　これら一時金についても適切に考慮した支払賃料について、契約の経緯をも考慮し、上記のように事情に変更がある場合には賃料の改定が議論されることになり、当事者間の衡平性に留意しつつ改定されるべき適切な継続賃料を模索することになります（なお、定期建物賃貸借契約では賃料減額について、信義則の範囲内において特約に従うことになります）。

⒅　新規賃料

　新たに賃貸借契約を締結する場合を想定し、新規賃料について要点をまとめます。

　不動産の鑑定評価では、実質賃料を、新規に賃貸借を行う際の「新規賃料」と、前項で詳しくみた事業の継続を前提とする「継続賃料」とに分けて評価手法を設けています。

　新規賃料は、さらに、「現実の社会経済情勢のもとで合理的と考えられるであろう条件を満たす市場において、新たな賃貸借等の契約を行う場合に成立するであろう経済価値を表示する適正な賃料」と定義づけられる「正常賃料」と、「現実の社会経済情勢下で合理的と考えられる条件を満たす市場で形成されるであろう経済価値と乖離することにより、市場が相対的に限定される場合における経済価値を適正に表示する賃料」である「限定賃料」に分けられます。限定賃料が適用されるのは、たとえば賃借人が隣接不動産を所有するとき、対象ホテルを借り受けることで施設競争力および事業性が他の第三者が新規に借り受ける場合より収益性や市場性が強化されるような場合に、多少高額な賃料を支払ってもよいと考えるようなケースです。

　新規賃料は、積算法、賃貸事例比較法、収益分析法等によって理論値を算出します。実務的には、負担可能賃料という概念もあります。ホテル市場では、賃料を検討する際に収益分析法等の手法が重視される傾向にあります。収益分析法は、他の手法同様に、「不動産が生み出すであろう適正な純賃料＝収益賃料はいくらなのか」に主眼を置いています。これは、賃借人からの視点に着目し、宿泊事業を営むことで賃料をいくら支払えるのかという「負担可能賃料」とは異なる概念です。

　負担可能賃料がどのように求められるのかを簡単に整理し、留意点をまとめておきます。

　「負担可能賃料」は、不動産に帰属する「適正賃料」を求めることではなく、「賃借人からみて支払可能な賃料はいくらなのか」を求めるものでああり、「負担可能賃料＝①想定GOP（Gross Operating Profit：営業利益に相当する

ホテルの代表的な経営指標）−②ノウハウやのれんにあたる収益−③賃借会社として求められるであろう適正利益留保金−④賃借会社が負担するFFE更新積立金（−⑤必要があれば正味運転資金の利息相当額）」として求められます。

　ここで注意が必要なのは、負担可能賃料による賃料決定には、賃借人側の視点が欠落しているという点です。賃貸人・賃借人双方にとってフェアな条件でないと信頼関係構築が困難となります。理想論かもしれませんが、今後望ましい賃料アプローチは、賃貸人、賃借人双方の投資額（コスト）と、事業の期待リターンについて共通認識をもち、それを実現するための賃料の賃料の範囲を確認し、協議する仕組みが望ましいでしょう。

⒆　2020年民法改正による影響

　2020年4月、改正民法が施行されました。以下では宿泊施設の賃貸借契約にかかわる主なルール変更を整理しておきます。

①　建物の一部滅失等による賃料の減額等（民法611条）

　賃貸借された建物の一部が滅失その他の事由により使用および収益をすることができなくなった場合において、それが賃借人の責に帰することができない事由によるものであるときは、賃料は、その使用および収益をすることができなった部分の割合に応じて、減額されます。賃借物の一部が滅失その他の事由により使用および収益をすることができなくなった場合において、残存する部分のみでは賃借人が賃借をした目的を達することができないときは、賃借人は、契約を解除ができるようになります。

　従来は「一部滅失」とされていた内容から、対象が広がりましたが、実際には「使用および収益ができなくなったこと」や「賃借人の責に帰することができない事由によるものである」という要件を賃借人側が立証することの困難性も指摘されています。また、賃料の減額期間等については明記されていないため、交渉して決定する必要があります。

②　敷金返還および原状回復（民法622条の2、621条）

　敷金は賃貸借契約が終了して賃貸物の返還を受けた時に、賃料等の未払債務を差し引いた残額を返還しなければならないとされました。賃借人は通常

損耗（賃借物の通常の使用収益によって生じた損耗）や経年劣化についてまでは原状回復の義務を負わないこととなります。

③ 賃借物の修繕に関する要件（民法607条の2）

賃借人が賃貸人に修繕が必要である旨を通知したか、または賃貸人がその旨を知ったのに、賃貸人が相当の期間内に必要な修繕をしないとき、あるいは、急迫の事情があるときには、賃借人が目的物を修繕することができることとされました。

その他不動産賃貸借の保証契約について、個人が保証人となる場合、極度額（保証の限度額）を定めなければならず、さらに、書面を取り交わさなければ無効となります。また、建物の賃貸借や建物所有を目的とする土地の賃貸借以外のもので駐車場契約等の建物所有を目的としない土地の賃貸借等、借地借家法の適用のない賃貸借について、存続期間の上限が50年に延長されました。

第2節 運営委託契約

(1) 契約期間

MC契約やFC契約は、当事者の合意次第で個別性が強く、一概にそれらの契約条件等を示せませんが、筆者がさまざまな案件に携わるなかでみてきたホテル運営委託契約（以下「MC契約」）の契約条件およびその傾向を紹介します。

MC契約期間については、20年前後の契約が多くみられます。運営会社（以下「オペレーター」）側としては、開業に関連して投下したさまざまな投資額を回収しつつ、かつ、十分な利益を確保する必要があり、なるべく長期

契約が望ましいはずです。

　一方で所有者（経営者）の視点からは、できれば長くとも10年程度の期間設定としつつ、その後は実際の事業パフォーマンスをみて、必要があれば再度条件交渉ができ、そのつど更新あるいは適正なフィー水準への変更等を含め協議する機会があるほうが望ましいと考えられます。そのように期間に関連する条項については、関係者それぞれの思惑を背景に、客室数規模やホテルクラスや運営難易度、所在するマーケットに内在するリスクに応じて双方協議を通じて決定されています。

⑵　エリアプロテクション条項

　エリアプロテクション条項は、同一ホテルマーケット内における同一ブランドの新規出店を禁止する特約です。すべての契約で一律にMC契約に織り込まれているわけではなく、当該規定についても、契約当事者間の協議により決定されます。なお、同一ホテル会社であってもブランド階層があり、使用されるブランドが異なる場合には、問題なしと判断されることもあります。

⑶　運営委託報酬（MCフィー）

　運営委託報酬（MCフィー）に関しては、オペレーター側の日々の運営に対する報酬と、新規開業時におけるサービス提供報酬（マーケット調査に対する報酬等）に大きく分けることができます。新規開業時におけるフィーには、テクニカルサービスの提供やその他コンサルティングに対するフィーが該当します。これも一概にはいえないものの、ホテル建築・開発費用の3〜5％程度が多くみられます。

　一方で日々の運営に対するフィーは、大きく「ベースフィー」と「インセンティブフィー」に分けられます。ベースフィーは、売上総額（Gross Operation Revenue）に対して、おおむね1.0〜3.0％程度の一定比率を乗じて計算されているものが多くみられます。また、総額の観点から宿泊特化型ホテルでは高めに設定され、逆にラグジュアリークラスでは相対的に低めに設定さ

れる傾向が見受けられます。さらに、開業当初から安定化まで段階を設けて
フィーを変更するケースもみられます。ベースフィーに関しても、マーケッ
ト環境やホテル規模等を背景とするオーナーとオペレーターとの協議により、その水準および対象とする売上高が売上総額なのか、それ以外、たとえ
ば客室収入のみとするのか等が決定されているようです。

　MC契約では、ベースフィーとあわせて「インセンティブフィー」が設け
られるケースが大半です。当該フィーは、オペレーターの責任経費（固定資
産税や保険料等は除外）を売上高から控除したGOPから上記ベースフィーを
除く「調整後GOP（Adjusted GOP：以下「AGOP」）」に対して一定比率を乗
じて計算されるケースが多く、これも具体的には、オーナーとオペレーター
との交渉によりさまざまな形態がみられますが、AGOPに対しておおむね
5～10％程度が多くみられます。施設規模が小さいケースや特殊な運営ノウ
ハウが求められる場合には10％を超えるケースもあります。

　インセンティブフィーのフィーストラクチャーでは、一定の目標GOP比
率を設けて、当該GOP比率を超えた場合にはインセンティブフィー比率を
上昇させるものも多くみられます。これは、利益率を確保するうえで、
GOP水準だけではなく、その運営の効率性を高めることでより高い報酬が
支払われることになるという意味で、強いインセンティブが働く仕組みを取
り入れているのです。たとえば現状のGOP比率が25％で、目標GOP比率が
35％と設定され、GOP比率連動型のフィーストラクチャーであれば、35％
まではAGOPの8％、それを超える場合にはAGOPの10％とする等が該当し
ます。

　その他多額の資本を投資するオーナー側の投資採算や収益変動に係るフィ
ナンシャルリスクを考慮し、一定の最低保証金額を設け、当該金額をGOP
が下回る場合にはホテルオペレーターはインセンティブフィーを受け取らな
いといった内容を盛り込むオーナー優先条項（Owner Priority）もみられま
す。

　その他のフィーについては、リザベーションフィーがあげられます。これ
はホテルチェーンのシステムネットワークを通じて集客できた際に個別に徴

収されるものもあれば（会員集客１室当りいくらという契約）、客室収入に一定比率を乗じて計算されるケースとさまざまの形態がみられます（客室収入に掛ける場合には１％前後が多くみられます）。予約ベースでは世界的に予約室当りで２ドルから４ドル程度が多いようです。マーケティングフィーでは、客室収入の１～４％程度、あるいは売上総額の0.2％程度から高いものでは４％程度等、幅があります。昨今では税法との関係より「レインバースメント」と呼ばれることもあるようです。実際にはオーナーにとって当該費用が具体的にどのようなPRを行うことに対する対価なのかを確認して決定されるべき項目といえます。トレーニングフィーや会員組織に対するプログラムフィー、オペレーターの福利厚生等にも対応するコンプリメンタリールームの提供に関連する取決め等その他オペレーターへの実質的な支払経費内容は多岐にわたります。それらすべては協議事項であり、オペレーター（運営者）からの提案をそのまま採用せず、丁寧に議論を重ねて決定する必要があります。

一定期間経過後（運営開始後３年目から５年目で設定されることが多いようです）からホテル運営のパフォーマンステストを実施し、それをクリアしない場合には、解約権利がオーナーに生じるという内容が盛り込まれることもあります。その場合のパフォーマンステストでは、GOPそのものとする場合やGOPと予算との比較、その他RevPAR（Revenue Per Available Room：販売可能な１室当りの収益）に関連させるもの等、さまざまな形態がみられます。

⑷　FFE

FFE（Furniture, Fixture&Equipment：家具、什器、備品、装飾品ならびに厨房機器等、ホテル運営に必要な資産）に関する取決めについては、ホテルカテゴリーにもよりますが、開始年度からFFE積立金について段階的に上昇させるケースが多く、売上総額の２～５％が求められます。FFE積立金について、別途口座を設けて適切に管理することを明記することが多いようです。

さらには、キーマネーといわれるオペレーターからオーナー等MC契約締

結者への金銭授受があるケースがあります。その場合はその後の返金有無やその条件、オペレーターからのシニアクラスのマネージャー派遣に関する規定等、多岐にわたる内容が盛り込まれます。

　それらのフィーストラクチャー等の決定は、賃貸借契約における賃貸条件同様、長期安定的に収益力を高めるうえで両者の信頼関係の基礎となるものであること、また、当事者間の契約が重視される準委任契約であることから、さまざまな内容が盛り込まれる傾向にあり、丹念に確認作業を行う必要があります。

　このMC契約は、健全な宿泊施設運営上求められるコンプライアンスマネジメントのうえでも非常に重要な機能を提供しています。たとえば賃料がGOPに連動している場合、賃借人はGOPに不要不急の経費を盛り込むことで、賃料を減額することもできます。そのように、オペレーター（運営者）が別途おり、GOPに連動するインセンティブフィーを経営会社から受け取る場合には、そのような不正行為を抑止する機能を担うことができます。

第 **5** 章

運営形態別の
収支シミュレーション

オフバランスシート後のNCF

外部環境安定時のオーナーにとってのNCF

　本章では運営スキーム別の収支シミュレーションにより、コロナ禍のような非常に大きなリスクが発現した場合に、それぞれの関係者の収益性にどのような影響をびうるのかみてみましょう。

　想定宿泊施設は、客室数300室、365日営業でADRは2万円／室、客室稼働率80％、レストラン部門収入は、客室収入（365日×300室×客室稼働率×ADR）の15％とします。それぞれの部門利益率は、宿泊部門利益率で60％、料飲部門利益率で20％です。部門利益から、個別部門に直接関連づけることができない水道高熱費等の非配賦費用を売上総額の20％として控除して営業総利益（Gross Operating Profit；以下「GOP」）を算定してみます。所有直営方式の場合は、当該GOPから固定資産税等、オーナーが負担する固定費（たとえばGOPの20％相当と仮定）を控除したのが、オーナーが受け取るネットキャッシュフロー（Net Cash Flow；以下「NCF」）です（図表5 - 1の1列目）。

　これを基準に、不動産賃貸借契約を想定しましょう。所有直営方式との違いは、賃料を仮にGOPの75％相当の固定賃料であることを想定し、当該不動産賃料収入から上記オーナー固定費を控除したNCFが、不動産賃貸借方式によるオーナーNCFです（図表5 - 1の2列目）。オーナーNCFは、所有直営方式と比べて不動産賃貸借方式では低下するものの、オーナーは事業リスクを切り離すことができ、リスク総量を削減することができます。また、収益物件としての価値を考えても、宿泊施設を自ら運営する投資マーケットよりも、賃貸用不動産の投資マーケットのほうがリターン（不動産賃料収入）が大きいことから、市場性が向上し不動産の資産価値が上昇する可能性もあ

ります。

事業リスク発現時の賃料方式別GOPとNCF

　次に、上記の想定値をベースに、以下ではさまざまな運営形態を想定して、事業リスクが突然現実化した場合の収支シミュレーションを行ってみます。

　図表5－1の右側は、事業リスク発現時における想定値の変更を示しています。ところで、不動産賃貸借方式における賃料支払方式には、①固定賃料、②歩合賃料、③ハイブリッド型賃料があります。①の固定賃料は、宿泊施設が稼いだGOPの多寡にかかわらず契約時に定められた賃料を支払う方式です。これに対して②歩合賃料は、GOPに一定の歩合率を乗じた金額を支払い、一定の固定賃料に、歩合分を加えて支払うのが③のハイブリッド型です。図表5－1のハイブリッド型賃料は、オーナーが負う不動産固定費の25％相当を固定賃料にあて、GOP×75％の賃料から、この固定賃料部分を控除した金額を、歩合賃料とします。もっとも、図表5－1にあるように、リスク発現時においてGOP自体がマイナスとなっている場合には、オーナーが受け取れる賃料は固定賃料部分のみとなります。

　賃料をGOPの75％とする完全歩合賃料方式では、リスクの発現によってGOPがマイナスだった場合の賃料はゼロとなります。さらにオーナーが運営を第三者に委託する運営委託方式では、GOPに対する一定割合を報酬として受託者に支払う必要があることから、オーナーは、たとえGOPがマイナスであっても受託者報酬を確保する必要があります。その分、リスク発現時には、オーナーが負担するリスクが大きく、受け取るNCFは少なくなります。

　これに対して完全固定賃料方式では、実際のGOPがどうであれ、オーナーは契約時に定めた安定時想定収支GOP×75％相当を固定賃料として受け取ることができます。

　つまり不動産のオーナーにとって、リスクが大きいほうから、運営委託方式＞所有直営方式＞完全歩合賃料方式＞ハイブリッド型賃料方式＞完全固定

図表 5 - 1　事業リスクが現実化したときの収支予想

外部環境	安定時想定収支		
運営方式	所有直営方式	不動産賃貸借方式	所有直営方式
日数	365	365	365
客室数	300	300	300
ADR（円／室）	20,000	20,000	12,000
客室稼働率OCC	80%	80%	40%
レストラン収入対宿泊部門収入	15%	15%	15%
宿泊部門利益率	60%	60%	40%
料飲部門利益率	20%	20%	10%
非配賦経費対総収入	20%	20%	
賃料対GOP比率		75%	
固定賃料比率			
歩合賃料GOP比率（GOPが＋の場合のみ）			
オーナー固定費比率	20%	20%	20%
宿泊部門売上げ	1,752,000	1,752,000	525,600
料飲部門売上げ	262,800	262,800	78,840
売上高合計	2,014,800	2,014,800	604,440
宿泊部門利益	1,051,200	1,051,200	210,240
料飲部門利益	52,560	52,560	7,884
部門利益合計	1,103,760	1,103,760	218,124
非配賦費用（市場減退期では安定期の×0.7、委託方式では委託料を鑑み0.75）	402,960	402,960	282,072
GOP	700,800	700,800	− 63,948
設定固定賃料（ハイブリッド型賃貸ではオーナー経費の0.25）		525,600	
設定歩合賃料			
合計賃料		525,600	
賃借人損益		175,200	
オーナー固定費	140,160	140,160	140,160
NCF（損益）	560,640	385,440	− 204,108

事業リスクの発現時			リスク発現時
ハイブリッド型賃料	完全固定賃料	完全歩合賃料	運営委託方式
365	365	365	365
300	300	300	300
12,000	12,000	12,000	12,000
40%	40%	40%	40%
15%	15%	15%	15%
40%	40%	40%	40%
10%	10%	10%	10%
75%	75%	75%	75%
	100%	0 %	0 %
75%	75%	75%	75%
20%	20%	20%	20%
525,600	525,600	525,600	525,600
78,840	78,840	78,840	78,840
604,440	604,440	604,440	604,440
210,240	210,240	210,240	210,240
7,884	7,884	7,884	7,884
218,124	218,124	218,124	218,124
282,072	282,072	282,072	302,220
−63,948	−63,948	−63,948	−84,096
35,040	525,600	0	0
0	0	0	0
35,040	525,600	0	0
−98,988	−589,548	−63,948	
140,160	140,160	140,160	140,160
−105,120	385,440	−140,160	−224,256

賃料方式の順となります。一方、賃借人にとっては、リスクが大きい順に、完全固定賃料＞ハイブリッド型賃料＞完全歩合賃料となります。なお、賃借人がFC等を導入している場合は、固定賃料に加えてFCフィーを支払う必要があり、またハイブリッド型賃料では、GOPがマイナスの際、歩合賃料は発動しないでしょうから、FCフィーの支払減算されます。完全歩合賃料であれば、賃料はゼロとなっても、GOPのマイナス部分とFCフィーの支払が減算されることになりますので、結局リスク順位は、完全固定賃料＞ハイブリッド型賃料＞完全歩合賃料となります。

　このように、完全固定賃料方式は、賃借人に過度に事業リスクを負わせる可能性があり、短期的にはオーナーにとっては都合がよいかもしれませんが、長期的な持続可能性という観点からは望ましいとはいえないのです。

　その他留意点としては、FFE（家具・什器・備品等）を所有する不動産オーナーが実際に管理することが困難であることから、賃借人が更新・修繕義務を負うのが現実的です。

　また、歩合賃料方式では売上高に連動させる算定方法のほか、GOPに連動させる方法があります。ただし、GOP連動型賃料の場合、その他経費を圧縮することでオーナーの賃料が増え、かつ賃借人の利益も増えます。逆に賃借人がチェーンホテルの場合であれば、チェーン本部から賃借会社に対して過剰な人員が派遣されたり、支配人の給与を過大に引き上げることが賃料の引下げにつながっている可能性があります。GOPに連動する歩合賃料方式の場合、アセットマネジメント機能のほか、MC（Management Contract）契約の導入等も考える必要があります。

　一方で、売上高連動型賃料の場合、経費水準は直接賃料には関係がないものの、賃借人が収益を高めるために経費を圧縮する可能性があります。

　完全固定賃料を採用する場合は、オーナーは賃借人が賃料を支払えるだけの十分財務基盤があるか否か、チェーンホテルであれば、個別施設に係るネガティブ要素をチェーン全体でカバーする力があるか否かを確認する必要があります。

　オーダーメイド賃貸等のように建物の内装や設備が従前の賃借人の要望を

受けた特殊な仕様となっている場合には、新たなテナントを誘致するうえで障害になる場合がありますので、確認しておく必要があります。

　不動産のオーナーは、ハードウェアの所有者であると同時に管理者であり、経営者はソフトウェアの管理者、運営者はブランディングおよびスタッフ接遇管理者です。それらの主体が別々であることは、顧客の滞在体験を構成する3要素（ハードウェア、ソフトウェア、ヒューマンウェア）の管理責任者が分離しているということを意味します。それらに一貫性がないと、個人市場において重要なブランドメッセージやコンセプトをスムーズに顧客に伝えることが困難になります。所有・経営・運営が分離する場合には、それらのステークホルダー間で十分な意見交換、議論ができる仕組みを備えている必要があります。当社の調査によると、とりわけ3スタークラス以上の宿泊施設では3要素の競争力がバランスしている場合に、満足度を大きく引き上げうるという結果でした。

コロナ禍で露呈した固定賃料の問題点

　これまで、日本では海外と異なり、オーナーが、不動産関連の租税公課に加えて建物の保険料や資本的支出を負担する「グロスリース」での賃貸形式が一般的であったこと、また、定期建物賃貸借契約による賃貸期間中において金融機関からも望まれたこと等を背景に、賃料が「保証」された固定賃料方式が多くみられました。

　しかし、定期建物賃貸借契約を解約する場合には、賃借人が残期間の賃料総額を支払う条項を設けていたとしても、過度に長い残期間であったり、上記条項が裁判において権利の濫用と判断される、あるいは事情変更の原則を勘案したりした結果、別の解釈がなされる可能性があります。さらには、残期間の賃料をすべて享受したにもかかわらず、所有者が即座に新たな賃貸契約を締結した場合においては、賃料の二重収受とみなされかねないことから、契約期間中の賃料を100％担保できるとは限りません。

　また、普通建物賃貸借契約であれば、正当な事由がない限り、契約期間中のリテナント（新たな賃借人を入れること）が困難であることはもちろん、借

地借家法により賃借人は強固に保護されています。そのため、コロナ前には、賃貸人の意向をできる限り契約内容に織り込んだ比較的短期間の定期建物賃貸借契約を志向する投資家が多くみられました。

しかし、定期建物賃貸借契約とすることで賃料は保全されたはずでしたが、コロナ禍によって事業性が急落すると、賃料の安定性も大きく揺らいでしまいました。

ホテル事業は、労働集約型でありかつ、外部環境の変化の影響を受けやすいことから、非常に大きな事業リスクを負っています。装置産業という側面もあり、不動産経費も大きくのしかかります。そもそも日本のホテル・旅館は伝統的に欧米のようなチップの慣行がないこともあって、人件費比率が相対的に高いという特徴があります。ADR水準も観光先進諸国を下回っています。

従来の固定賃料を前提とした不動産賃貸借方式では、良好で安定したマーケット環境が続かない限り、賃借人は長期的に大きなリスクを負うことになります。

もし、リテナントが発生した場合、出店意欲があり実績豊富で財務健全性の高い信頼に値する賃借人と出会うという僥倖を頼みにするか、オーナー自らが経営会社を設立するぐらいしか、打開策を見つけにくいというのが現実です。

特に宿泊特化型ホテル以外のホテルカテゴリーに、その傾向が強くみられます。宿泊特化型ホテルでは、不動産を賃借して経営する「賃借プレーヤー」も少なくありませんが、シティホテルや旅館は料飲部門や宴会部門を擁していることもあって、高度な運営組織が求められます。このような「賃借プレーヤー」を見つけるのがきわめて困難であるのが現実です。

一方で、建築現場における人手不足や資材価格の高騰を受けた建物再調達原価の影響もあって、不動産投資市場が要求する賃料は、高額化する傾向にあります。ホテルもこれまで、将来のさらなる成長を予測し、要求された賃料水準を受け入れてきた経緯があります。まさにそのタイミングで、新型コロナウイルス感染症の世界的まん延し、前提が大きく揺らぐこととなったの

です。

歩合賃料のあり方

　海外では、コロナ禍を経てオーナーとホテル経営者の双方がWin-Winの関係に立つような契約を模索する動きが活発になりました（詳しくは7章参照）。その結果、経営会社の健全な発展を支援しつつ、もちつもたれつの関係を構築するという視点が求められています。おそらく日本においても、同様の視点が重視されるようになると思われます。

　そこで以下では、オーナー（賃貸人）とホテル経営者（賃借人）が事業の成果とリスクを適正を分け合っていくための賃料方式として今後主流になっていくであろう「歩合賃料」について検討してみたいと思います。

　賃料の検討では、賃借人も、賃料を支払う経営会社も、双方が納得できなければなりません。さらに投資家や金融機関にとっても事前に歩合賃料の変動リスクを理解して投融資を行い、実際、各年度末の累計賃料収入総額が、当初予算を大きく下回っていなければ、固定賃料方式と変わらない安心感をもって投融資を継続できるはずです。

　換言すれば、各年当初に想定した次年度の期待賃料に自律的に調整されるようなメカニズムを取り込む必要があります。筆者はそのような歩合賃料のことを「メカニカル歩合賃料」と呼んでいます。以下、メカニカル歩合賃料が実現されるために必要な取組みを紹介します。

　①　メカニカル歩合賃料の考え方

・賃借人は、年度当初に、オーナーに対し、次年度の年間予算を、自社が所在する宿泊市場の評価や見通しおよび販売戦略を含めて、できるだけ詳細まで詰めた分析結果を報告すること。できれば日割予算から月次予算、年度予算まで策定し、約定歩合賃料計算式を採用した想定賃料を月次ベースでオーナーに提示する。

・オーナーは報告された予算数値の精査を行い、その妥当性、蓋然性を検討すると同時に、双方で徹底した議論を事前に行う。

・議論の結果、最終合意された「予算」およびその結果である「歩合賃

料」について、賃借人は最大限にコミットする。

・月次収支実績が報告されるつど、月次ベースにて事前の期待想定賃料との乖離を確認する。

・予算と実績に乖離が生じている場合は、そのつど、その原因をつきとめ、オーナーに報告する。

もちろん、事前の計画ですべて見通せるわけではありません。当然、計画値と実績値の間には乖離が生じることもあることを、双方が十分に理解したうえで、「乖離」の分析を積み重ね、分析結果をデータベース化することで、年々予算作成の精度を引き上げることができるようにする必要があります。

・その分析結果に基づいて、改善策をオーナーも加わり検討し、年度当初に合意し想定していた期待賃料に近づけられるよう、以降の運営上の軌道修正計画を策定する。

・上記仕組みを毎月行う一方で、決定された軌道修正計画を実践する。

・オーナーもできる限り積極的に事業性向上に貢献、関与する。

つまり、歩合賃料について、結果をみないといくらになるかわからないというのでは、それこそ不安定な賃料となります。そうではなく、事前にある程度の確度で、双方が認識を共有したうえで、その実現を追求していく仕組みが必須となっていくでしょう。

② 前提事項

不動産賃貸借契約とは、継続的な契約であることから特に、賃貸人と賃借人との間に、高度な「信頼関係」があることを前提としています。その信頼関係があってこそ、持続可能であり、かつ健全な賃貸契約が成り立つのです。実際に法的な解釈においても、明文はないものの、賃貸借契約の法定解除については、単に無断転貸・無断賃借権譲渡や当事者の一方に債務不履行があったというだけでは解除できないとされています。つまり、賃貸借契約のような継続的な契約関係においては、「信頼関係破壊の理論」といわれる法理が適用されており、解除の可否に関する制限として機能し採用されているのです。

当初の継続的な契約である賃貸借契約を締結する際には、上記のような高度な信頼関係が基礎となるべきなのです。

ここで非常に重要な概念が双方の「リスク負担」です。一方の当事者にだけ過度にリスクが偏っているような関係は、当然ながら高度な信頼関係とはいえません。経営委託契約とは異なり、賃貸契約ですので、GOL（Gross Operating Loss）、つまり、GOPにマイナスが出た場合は、賃料はゼロとなりますが、それをもって、賃借人がリスクを応分負担しているとはいえないでしょう。なぜならそのような事業は最初から行わないからです。つまり、完全歩合賃料とするような場合、どこで賃借人はリスクの応分負担をするのか、提案する必要があります。一方的にオーナーにリスクを押し付けるようでは、投資家は市場から姿を消し、ひいては所有と経営が分離し、リスクの適切な管理による宿泊市場が発展することは困難となります。前述のとおり、日本ではグロスリースが一般的に採用されており、所有者は、当初の不動産投資金額だけではなく、固定資産税、建物保険料に資本的支出まで負担しているのです。賃借人は、その点を十分に理解したうえで、敷金として、あるいは一部を固定賃料として支払う、さらには歩合賃料の計算の基礎となるGOP等について段階的に賃料比率を変化させるなどにより、適切にリスクを負担し、信頼関係を構築する誠実な対応が求められます。

賃料交渉時の参考相場

不動産鑑定評価における賃料とは、1カ月という賃料算定期間における不動産の果実としての固定賃料を評価します。換言すれば、ステップアップ型賃料や、固定賃料と歩合賃料のハイブリット型賃料、完全歩合型賃料という概念は、そもそも不動産鑑定評価には存在しないということです。

新規賃料の評価では、価格時点における不動産価値に基づく手法や価格時点における賃貸事例からアプローチする手法等が重視されます。

一般住宅の家賃やオフィス賃料のような「マーケット賃料」が存在すれば、「現」時点の目安は「この賃料水準」と判断できるでしょうが、宿泊市場にはそれに類するものが存在しません。ホテルの場合は、誰をターゲット

として、どのようなホテルカテゴリーで、どのような事業を行うのか等によってプロジェクトごとに負担できる賃料水準が異なります。不動産賃料というよりも「プロジェクト賃料」と表現したほうがしっくりきます。

むしろ賃料は将来の売上予測や事業性見通しの影響を強く受けます。コロナ禍では、「周辺相場を参考すると〇円が適正な賃料水準」と賃貸人・賃借人双方が目安を共有できない結果、賃料交渉も容易ではありません。

ホテルの将来収支は、環境変化に非常に敏感に反応し変動します。もちろん、マーケット環境が好調であれば、大きな「果実」を手にすることができますが、一方、コロナ禍によって、純収益変動リスクがきわめて大きいということも露呈しました。

もちろん、今後、コロナ禍のような事態がたびたびあるとは想像できませんが、これまで観光宿泊市場は、2002年のSARSコロナウイルス、2012年のMERSコロナウイルス、そして今回の新型コロナウイルスと、おおむね10年に一度のペースで厄災に悩まされてきました。こうした需要が急減する状況のもとでは、大きな被害を受けた賃借人が定期建物賃貸借契約に基づく固定賃料が支払うことは非常に困難です。つまり、今後の持続可能性の観点から、ハイブリッド型賃料方式が望ましいといえます。

ホテルの賃料を考える際には、①賃貸期間に対応する将来期間における収支予測を行い、②賃貸人と賃借人双方が負担するリスクを定量化して、③その結果をふまえて経営会社が負担できる賃料を双方で協議することが望まれます。

ホテル特有のリスクを関係者が十分に認識し、それを織り込んだ「あるべき利回り」で「あるべき賃料」の相場感を共有しておかないと、賃貸人にとってサステナブルな賃貸事業にはならないでしょう。ホテルの事業性を十分に理解し、プロジェクトの将来を見据えた、あるべき賃料を追求することが求められる環境となってきたともいえます。

需要源調査のポイント

　宿泊施設のマーケット分析でまず把握が必要なのは、需要源（デマンドジェネレーター）に関する調査です。多くの場合、対象ホテルがターゲットとする顧客層がそれぞれ目的とする観光地や宿泊につながるような施設が「需要源」です。需要源には季節性があり、1月から12月の稼働率に関する変化（月次波動という）とあわせて、それぞれの月ごとにどの程度の宿泊需要がどの需要源と関係しているかを確認します。需要源ごとの成長性やそれらからの集客力の変化を視覚化し、最終的に対象宿泊施設の競争力や競合施設との関係に照らして客室稼働率に落とし込む必要があります。

　また、対象宿泊施設にとってベンチマークとする競合施設がどれかを確認することも重要です。ベンチマークを特定しそこねると、対象施設のパフォーマンスを正しく計測できなくなります。

　ここで、有用な分析方法をご紹介します。これは、現状の対象施設がホテルであればADR、旅館であれば「2食付1名」の単価を競合施設と比較することで、現状収支実績が、「背伸び」をした水準なのか、「ポテンシャルを余した」水準なのか、あるいは「ほぼ適切」といえる単価設定になっているのかを確認する手法です。

　顧客が求める宿泊施設の品質の根幹は「心理的な安心感」です。この心理的安心感に関連づけられた基準を採用して調査した結果と、対象施設および競合施設の収益性パフォーマンスを比較しグラフ化しあわせて分析することで、対象施設のポジショニングが明確に確認できます。

　図表5-2は、Sakura基準を、海外のあるマーケットで（都市）に適用

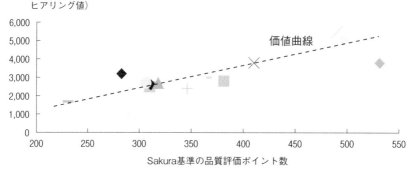

図表５－２　海外のある都市の価値曲線（推定ADRと調査ポイント数の合計）

ADR（海外単価、バーツ、ヒアリング値）

価値曲線

Sakura基準の品質評価ポイント数

し調査したものです。横軸が顧客ニーズの根幹である心理的安心感に関連する品質調査結果について、縦軸がADRを示しています。グラフからは、品質評価とADRの間にきわめて高い相関性がみてとれます。これは、国内でも同様の結果が見込まれます。ここで表現される曲線を「価値曲線」といいます（特許第6438164号）。対象施設がこの価値曲線より高い水準であれば、品質向上によってポジショニングを変化させない限り、将来的にパフォーマンスが低下する可能性があります。一方で、この価値曲線より、実際のパフォーマンスが下回っていれば、今後上昇する可能性が高いと考えることができます。

　マーケット分析にあたっては、対象ホテルに関する販売プラン別の販売室数、宿泊者数、売上高実績のほか、発地別販売室数、宿泊者数、売上高実績、販売ルート別の販売室数、宿泊者数、売上高実績を複数年間にわたって把握する必要があります。これらのデータに基づき、どのような顧客層にポテンシャル（稼働率や宿泊者数、ADRの上昇）があるのか、逆にパフォーマンス低下リスクがあるのかを把握することができます。

マーケット分析のケーススタディ

　ここでは、日本を代表する観光地である「京都」と「ニセコ」の、2019年時点のスターカテゴリー（格付け）別のホテルマーケットに関する調査結果

を例に、将来の需給を予測する方法論を説明します。

　ちなみに、海外にはフォーブスやAAA（アメリカ自動車協会）、フランス政府観光局や英国政府観光庁、中国のCNTAなど政府機関によるホテル格付制度が有名ですが、日本には全国のさまざまなグレードのホテル・旅館をカバーする格付けはありません。ここでは、筆者が海外の制度を参考に、以下のように5段階のスター（星）クラス別に簡易分類しました。

　部屋の広さが10平方メートル台は1スタークラス、2スタークラスは20平方メートル台、3スタークラスは30平方メートル台、4スタークラスは40平方メートル台、5スタークラスは50平方メートル以上。サービス面では、1スタークラスから3スタークラスにかけて附帯設備とサービスが充実し、4スタークラスからスタッフ接遇力が高くなり、顧客に対するパーソナルサービスを提供する、あるいは個々の顧客に対して異なるシーンを提供できるような積極的かつ共感性あるサービスが提供される施設として整理できます。

　この基準に基づき、京都とニセコのコロナを挟んだマーケットの変化を分析した結果は以下のとおりです。

①　京都のホテルマーケット　2019年→2025年

　以下の分析では、2025年にはコロナ禍の影響を脱し、2019年とほぼ同じ水準の需要量が戻ってくると想定しています。

　京都では成熟化した市街地でのホテル開発余地は容易ではありません。特に、3スタークラスから5スタークラスのホテルにふさわしい規模の用地は限られています。2スタークラスでは2025年には、ほぼ飽和状態に近づき、1スタークラスでは現状においては超過供給が懸念されます。一方でコロナ禍直前の2019年9月に京都市バリアフリー条例が改正施行、宿泊施設の新設および増改築時に際し、すべての客室を対象にバリアフリー化が義務づけられたことから、10平方メートル台の客室を中心とする宿泊施設の開発は実質困難となりました。したがって、20平方メートル台の2スタークラスのホテルが今後増加すると予想されるので、2スタークラスのホテルの過剰供給がいっそう懸念されるほか、1スタークラスは、既存施設のみとなり、需給バランスは長期的には安定化する可能性があります。

以下では、京都市内における宿泊施設需給バランスを宿泊施設カテゴリー別に確認していきます。市内全体でみると新規供給の増加により緩和する見通しにあるものの、カテゴリー別にみると要因は1スタークラスに大きな偏りがあり、2スタークラス以上の需給バランスについては、大きな変化は生じないものと予測されます。

　需要推計は国内客・外国人客ごと、ビジネス・レジャー区分ごとに行いました。宿泊旅行統計調査に基づく京都市の延べ宿泊者数推計値（2019年1月から12月：2,135万3556人）をベースとして同期間の国内客・外国人客の統計比率（62.5：37.5）をもとに区分し、国内客のビジネス・レジャー比率については22.8：77.2を採用しました。外国人客については、訪日外国人消費動向調査を参考としてビジネス4.4％、レジャー95.6％と推定し、分析を進めていきます。当該宿泊者数を区分ごとに同伴係数（ビジネス1.0人／室、レジャー2.0人／室と仮定）による補正を行って、利用客室数を分析し、当社アンケート調査に基づくカテゴリー別マーケットシェアを乗じることで、需要量を推計しました（図表5－3）。

　分析の結果、5スタークラスのホテルで4,789室の需要超過、4スタークラスのホテルで2,466室の需要超過、3スタークラスのホテルで820室の需要超過、2スタークラスのホテルで1,829室の需要超過、1スタークラスのホテルで2万1977室の超過供給という結果でした（図表5－4）。

　特に2スタークラスでは、2025年時点で超過供給に転じるものと推定されます。また、1スタークラスでは、いっそうの超過供給が懸念される環境と考えることができますが、バリアフリー条例改正の影響で縮小していく可能性があります。

　4スタークラス、5スタークラスでは、コロナ禍終息後の需要が供給を超過している可能性が高いものと推測されます。

　特にラグジュアリークラスでは、旺盛な需要が見込まれますが、別途旅館を加えると再調整が必要となるほか、ラグジュアリークラスにふさわしいロケーション確保がむずかしいことから、ホテル開発はコロナ禍終息後も低調に推移する可能性があります。なお、この分析はバリアフリー条例改正の影

図表5-3 客室需要の定量化

【京都市】

宿泊者数 国内／外国人	構成比率 ビジネス／レジャー（％）	宿泊者数（人）	同伴係数（人／室）	推計利用客室数		
				年間（室）	1日当り（室）	比率（％）
13,351,513人 （62.5%）	22.8	3,044,145	1.0	3,044,145	8,340	24.6
	77.2	10,307,368	2.0	5,153,684	14,120	41.6
8,002,043人 （37.5%）	4.4	352,090	1.0	352,090	965	2.8
	95.6	7,649,953	2.0	3,824,977	10,479	30.9
21,353,556人	—	21,353,556	1.7	12,374,896	33,904	100.0

カテゴリー	マーケットシェア（％）	需要客室数（室）	2019年の客室数（室）	過不足客室数（室）	2025年の推定客室数（室）	2025年の推定過不足客室数（室）
5スター	15.0	5,098	309	4,789	369	4,729
4スター	8.8	2,982	516	2,466	1,560	1,422
3スター	15.9	5,386	4,566	820	4,998	388
2スター	24.3	8,224	6,395	1,829	10,831	-2,607
1スター	21.6	7,329	29,306	-21,977	35,423	-28,094
カプセル	5.7	1,920	1,775	145	1,775	145
簡易宿所	8.7	2,966	2,054	912	2,054	912
合計	100.0	33,905	44,921	-11,016	57,010	-23,105

響は考慮していないことにご留意ください。

② **ニセコのホテルマーケット　2019年→2025年**

　ニセコは外国人スキー客の口コミから世界有数のパウダースノーの聖地として地域のブランディングが形成され、その後、内外資本によるリゾート開発が活発化しました。自治体からもホテルやコンドミニアムにきわめて適した用地が豊富に提供され、ラグジュアリーホテルを含むホテル開発が進みました。

　コロナ禍によって、ホテル開発の多くが中断を余儀なくされていますが、

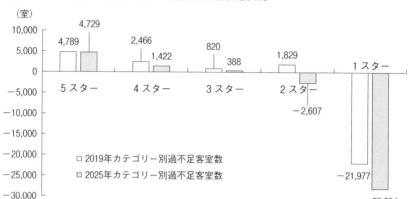

図表5－4　京都市のカテゴリー別客室の過不足状況

観光地としてのニセコがもつ優位性は変わりません。コロナ前におけるニセコを取り巻くファンダメンタルについては以下のとおりです。

　首都圏等の道外や、道東・道南・道北等の遠隔地から道央へ飛行機でアクセスする場合、基本的に新千歳空港が利用されていることに加え、1988年に国際空港として指定されたことで同空港とアジアを中心とした海外の都市を結ぶ運航路線が整備されています。新千歳空港からは11か国24都市との国際線が運航しており、2017～19年の3年間に、中国の各都市を中心として20もの路線が新規に就航、さらに既存の路線についても増便が相次いでいました。

　国内全般的にインバウンドの増加が顕著となった2013年頃に倶知安町の地価は上昇に転じ、以降も上昇幅は拡大の一途をたどりました。2019年の都道府県地価調査における全用途に係る対前年平均変動率は、倶知安町が＋57.7％（対前年＋24.4ポイント）、ニセコ町が＋12.3％（同＋5.4ポイント）、真狩村が±0.0％（同±0.0％）でした。

　倶知安町の観光入込客数について、2006年度から2010年度にかけて150万人規模で安定的に推移し、東日本大震災の影響により自粛ムードがまん延した2011年度に約143万人まで減少しましたが、以降は再び増加基調で推移し、2015年度は160万人に達し、以降、コロナ禍の直前まで横ばいで推移し

ていました。特に外国人宿泊者数は2011年度の約2.4万人以降増加基調で推移し、2018年度は約15.1万人に達しています。宿泊者数に占める外国人比率は、2006年度の3.0％から2017年度は26.1％にまで大幅に上昇しています。観光入込客数のピークは冬季のスキーシーズンであり、2018年度については1月（約25.1万人）および2月（約24.3万人）は20万人を超える水準に達していました。また、7月と8月にも札幌圏からの顧客を中心とした日帰りドライブや高原リゾート的な利用による繁忙期があります。

インバウンド市場を国別にみると、2013年度から2018年度にかけて、第1位はオーストラリア、第2位は香港、第3位はシンガポール、第4位は中国であり、この6年間の序列に変化はみられません。一方、構成割合については、2013年度にはオーストラリアが52.5％と過半数を占めていましたが、2018年度は25.0％まで縮小しており、香港、シンガポール、中国、その他アジア各国のアジア圏が2013年度の35.8％から2018年度の53.6％まで拡大しています。ニセコブームの先駆者であるオーストラリアは、2015年度の積雪量や雪質の悪化、宿泊費の高騰等の影響で2016年度以降大きく減少し、一方、降雪量や雪質にこだわりの薄いアジア各国からの旅行者は2013年度以降、コロナ禍まで増加の一途をたどっていました。

2006年度から2016年度にかけて、ホテルの施設数は23軒から42軒へ82.6％増加、客室数も2,812室から3,737室へと32.9％増加しています。なお、コロナ禍直前に、倶知安町内において開業した主なホテルは、「ファーストキャビン　ニセコ・ぽんの湯」（2018年11月開業）「スカイニセコ」（同年12月開業）「ザ・メープルズニセコ」（同年12月開業）等があげられます。また、ニセコエリアは外資系コンドミニアムを中心として高級リゾートが形成されてきましたが、世界的に知名度の高いラグジュアリーホテルブランドが相次いで進出しており、世界的なスノーリゾート地としていっそう高い評価を得るものと予測されます。

ADR（客室平均単価）について、12月〜2月にかけては、インバウンド富裕層を対象とした料金を設定できることから3万5,000円／室〜5万5,000円／室程度の水準を記録していますが、4月〜11月にかけては9,000円／

室〜1万8,000円／室程度となり、トップとボトムとの間には5〜6倍の開きがみられます。年間平均値では、2014年度から2016年度にかけて2万4,000円／室→1万9,300円／室→2万円／室と推移しています。

　5スタークラスの高級ホテルの進出が相次いでいましたが、コロナ終息後は、豊富な用地と需要を背景に、ファミリー層をターゲットに2スタークラスから3スタークラスのさらなる進出が予想されます。

| 第 3 節 | ホテルの収支構造と競争力
フォーキャスト |

(1)　収支分析にあたっての留意点

　前節のような見方により、ホテルマーケットごとに需給バランスを定量化したうえで、その地域における対象施設のポジショニングを正しく把握することが将来収支のフォーキャストにとって非常に重要です。個別ホテルの収支構造は、ホテルユニフォーム会計システム（部門別管理会計）が導入されている場合と、そうでない場合に分けて検証する必要があります。部門別に適切にユニフォーム会計システムが導入されている場合には、経費分類基準の確認が必要です。たとえばレストランの原価計上について、アルコール類は飲料原価に計上するも、その他ドリンク類は食材原価に計上する等、依然施設によって異なることが多くみられます。また、途中から計上基準が変更されている場合には、期間比較が困難となるため、基準の変更履歴を確認する必要があります。

　通常宿泊部門では、売上げから原価、人件費、その他経費を控除した50〜60％が部門利益となるケースが多いようです。また、料飲部門で20〜30％、宴会部門で25〜35％が多くみられます。

その他収支分析にあたっては、以下の点に注意が必要です。

・ロケーションおよび施設カテゴリーに見合った需要を得ているか。

・各種費用は適切に固定費と変動費に分解されているか。

・経費予測において、変動費部分については、適切な項目に関連づけられ計算されているか。たとえば、客室アメニティ費用は販売室数、エネルギーコストは総売上高等、それぞれの変動費の特性に応じて計算式が組み込まれているか。

・部門別にFTEベースで労働生産性が確認されているか。FTEはFull-Time Equivalentの略で、フルタイム勤務に換算した人員数を示す重要な概念です。宿泊部門の労働生産性ではFTEベースで1人当り2,000万円から4,000万円程度、料飲部門では1,000万円台、宴会部門では2,000万円代が多くみられますが、今後この労働生産性の向上が大きな課題でもあります。

・複合ビルの一部の宿泊施設の場合には、設備点検による休業日を考慮できているか。

・新規参入競合施設がある場合、たとえば後述するPF分析を行う等により、稼働率に対する負のインパクトが定量化されているか。

・建物に関する修繕不足がないか、将来における修繕計画が適切に見積もられているか。

・従業員は、適切に休暇を取得しているか。退職金規定がある場合、適切に積み立てられているか。給与水準は適切なレベルで設定されているか。

・新規開発の場合は、社員寮は必要ないか。

・客室収容人数申請数を超過したシナリオが描かれていないか。

・感染症拡大防止対策の継続にかかる費用（エタノール消毒薬確保、顧客およびスタッフ用の使い捨てビニール手袋等の常備）が考慮されているか。

・経済活動の回復とともに、スタッフ確保の難易度がビフォーコロナよりも上がり、人件費も高騰していることに加え、ロシアによるウクライナ侵攻等を背景にエネルギーコストや食材費も急騰している。需要回復に

よる売上増でカバーできているか。

・宿泊施設のSDGsへの取組みが、インバウンド市場を再び取り込めるかの1つの鍵を握るとみられており、将来の収益性を左右するポイントともなりうる。

⑵　PF分析とARI分析

　新規参入によるインパクトシミュレーションにあたっては、ホテル競争力を指数化する手法（PF分析といわれる）が有用です。この方法を採用することにより、対象ホテルのリニューアルやリブランド、その他新規ホテルの参入等、現状のマーケット内におけるポジショニング変化を、新たなホテルの参入に伴う新規顧客の誘引効果を含めた市場規模の変化（特に巨大な会員組織を有する新規参入ホテルの場合には顕著に拡大することがあります）、客室シェアの変化について、各ホテルの競争力指数を調整しながら織り込み定量化することができます。

　客室稼働率に関する競争力指標としては「市場浸透指数（Penetration Factor；以下「PF指数」)」、またADRについては「ARI指数（Average Rate Index)」があります。それらは、競合ホテルとの関係で現状のホテル競争力を指数化し、その変化の影響を定量的に把握する際に有用な指標です。

　これらの競合施設に対する「競争力指数」は、将来の稼働率やADRの想定にあたって、マーケットの平均ADRの変化や市場規模の変化（対象市場全体の販売室数合計の変化）と、各ホテルの市場競争力の変化（リニューアル等）、さらには新規参入のインパクトを同時に考慮することができ、将来の稼働率やADRの予測が可能になるという利点を有します。

　この予測に際して、競合ホテルの選択は重要ですが、ターゲットとしている顧客層や客室構成の違いにより、マーケット内のすべてのホテルが必ずしも100％競合関係にあるわけではありません。したがって、分析にあたっては、ターゲットセグメントの違いに応じ、客室数に競合率を乗じることで、それら競合関係の強度を調整する必要があります。

① 新規参入後の競合客室数

たとえば、参入1年め（x1年目）のマーケット内の競合ホテル（対象ホテルを含め既存客室数合計800室）がすべて100％競合関係にあるとし、x2年に客室数120室、競合率30％のホテルが新規参入するケースを想定します。新規参入ホテルのうち競合する客室数は、120室×30％＝36室であり、x2年の競合客室数は836室となります。競合ホテル数が少なく規模が小さい市場に新規参入があった場合、大きなインパクトが対象ホテルを含め既存ホテル全体に及ぶことになります。

② 年間販売可能室数の計算

次に上記客室数をベースに年間販売可能室数を計算します。もし、対象ホテルがx2年に改装を計画しているような場合は、販売可能室数の計算では、365日（閏年であれば366日）から改装期間日数を差し引いて販売可能室数を計算します。その他リニューアルや支配人が館内に居住する客室リブイン等によって販売可能室数が減っている場合には、判明している売り止め客室数および販売休止期間を販売可能室数の計算上において適切に反映しておく必要があります。ホテルは設備管理上、年に何日か必ず休館日があるため、各ホテルに確認して、個別の営業日数を正確に調整する必要があります。

次に、分子にそれぞれのホテルに対する販売可能室数、分母にマーケット全体の販売可能室数をとり、各ホテルの販売可能室数シェア（％）を求めます。このシェア（％）を「フェアシェア」といいます。シェアの概念にはもう1つ「マーケットシェア」があります。これは、実際の販売室数ベースでのシェアを示しており、個別ホテルの販売室数÷マーケット全体の販売室数により求めることができます。PF指数は、マーケットシェアをフェアシェアで割ることで求めます（PF指数＝マーケットシェア÷フェアシェア）。つまり、マーケットシェアがフェアシェアと同じであればPF指数は1.0、超えていれば1.0超となります、この指数が各ホテルの客室稼働率について競争力の違いを示すのです。

将来における市場規模（販売室数合計）の変化を想定し、当該市場規模に、マーケットシェアを乗じて、将来における客室稼働率を求めることができま

す。

　マーケットシェアは、将来想定PF指数を想定し、たとえばフェアシェア
が10％で、PF指数が1.1であれば、フェアシェア10％にPF指数1.1を乗じる
ことでマーケットシェアを求めることができます（PF指数＝マーケットシェ
ア÷フェアシェアより、マーケットシェア＝PF指数×フェアシェア）。

　当該分析は全競合ホテルについて行います。その結果、各ホテルの想定
PF指数を変化させた場合、フェアシェアにそれぞれPF指数を乗じて将来に
おける各ホテルのマーケットシェアを求めることができます。ただし、この
ように将来PF指数を変化させる場合、当初全施設のマーケットシェアは常
に100％であるはずですが、100％から乖離してしまいます。したがって、合
計が100％となるようシェアを再調整します。この調整をしないと、たとえ
ば合計シェアが100％を超過した分、意図せず計算上の市場規模を拡大させ
てしまうからです。

　ADR予測では、マーケットの平均ADRを分母にし、対象ホテルのADRを
分子とすることで、ADRの競争力指数であるARI指数を求めます。その場
合には、市場の変化に応じてベースとなるマーケットの平均ADRを予測し、
当該平均ADRに対象ホテルのARI指数を乗じて対象ホテルの将来ADRを予
測することができます。米国におけるホテル鑑定評価では、このような情報
が入手しやすい環境にあるため、PF分析やARI分析について、個人市場
（FIT市場）、団体市場、エージェント市場等セグメントに分けた分析も行わ
れています。

　参考までに、上記の与件に基づきPF分析用の計算例を図表5－5に示し
ます。

図表 5 － 5　PF分析およびARI分析

（単位：室）

日数 各ホテルの客室	客室数	x1年	x2年	x3年	x4年	x5年
Aホテル	200	200	200	200	200	200
Bホテル	220	220	220	220	220	220
Cホテル	180	180	180	180	180	180
対象ホテル	200	200	200	200	200	200
新規参入ホテル		0	36	36	36	36
合計	800	800	836	836	836	836

※競合ホテルは2年目期首に120室開業、競合率30%として36室インパクトがあると想定。

（単位：室）

販売可能室数 （日数×客室数）	客室数	x1年	x2年	x3年	x4年	x5年
Aホテル	200	73,000	73,000	73,000	73,000	73,000
Bホテル	220	80,300	80,300	80,300	80,300	80,300
Cホテル	180	65,700	65,700	65,700	65,700	65,700
対象ホテル	200	73,000	60,833	73,000	73,000	73,000
新規参入ホテル		0	13,140	13,140	13,140	13,140
合計	800	292,000	292,973	305,140	305,140	305,140

※対象ホテルは2年目に3月より開業することを想定し、期間は10カ月を想定している。

（単位：%）

販売可能室数シェア		x1年	x2年	x3年	x4年	x5年
Aホテル	25.0	25.0	24.9	23.9	23.9	23.9
Bホテル	27.5	27.5	27.4	26.3	26.3	26.3
Cホテル	22.5	22.5	22.4	21.5	21.5	21.5
対象ホテル	25.0	25.0	20.8	23.9	23.9	23.9
新規参入ホテル		0.0	4.5	4.3	4.3	4.3
合計	100.0	100.0	100.0	100.0	100.0	100.0

PF指数（マーケットシェア÷客室シェア）	販売室実績	市場シェア	PF	x1年	x2年	x3年	x4年	x5年
Aホテル（稼働率75%）	54,750	25.4%	1.02	1.02	1.02	1.02	1.02	1.02
Bホテル（稼働率70%）	56,210	26.1%	0.95	0.95	0.95	0.95	0.95	0.95
Cホテル（稼働率72%）	47,304	22.0%	0.98	0.98	0.98	0.98	0.98	0.98
対象ホテル（稼働率78%）	56,940	26.5%	1.06	1.06	1.10	1.10	1.10	1.10
新規参入ホテル	0	0.0%	—	—	1.10	1.10	1.10	1.10
合計	215,204	100.0%						

（単位：%）

販売室シェア	x1年	x2年	x3年	x4年	x5年
Aホテル	25.4	25.4	24.3	24.3	24.3
Bホテル	26.1	26.0	25.0	25.0	25.0
Cホテル	22.0	21.9	21.0	21.0	21.0
対象ホテル	26.5	22.8	26.3	26.3	26.3
新規参入ホテル	—	4.9	4.7	4.7	4.7
合計	100.0	101.1	101.4	101.4	101.4

（単位：%）

販売室シェア（合計100%に調整）	x1年	x2年	x3年	x4年	x5年
Aホテル	25.44	25.09	24.00	24.00	24.00
Bホテル	26.12	25.76	24.64	24.64	24.64
Cホテル	21.98	21.68	20.74	20.74	20.74
対象ホテル	26.46	22.60	25.95	25.95	25.95
新規参入ホテル	—	4.88	4.67	4.67	4.67
合計	100.00	100.00	100.00	100.00	100.00

	実績（市場）	x1年	x2年	x3年	x4年	x5年
マーケット規模（室） （％）	215,204	220,000 +2.2	222,000 +0.9	230,000 +3.6	230,000 ±0.0	230,000 ±0.0
対象ホテル販売室数予測（市場規模×調整後販売室シェア）（室）	56,940	58,209	50,169	59,675	59,675	59,675
客室稼働率（％）	78.00	79.74	82.47	81.75	81.75	81.75

(3) キャップレート分析

　当社では年2回、ホテルおよび旅館の還元利回り（以下「キャップレート」）の調査を実施しています。キャップレートとは、ホテルの純収益から価値を求める際に使用する利回りです。「収益価値×キャップレート＝純収益」より、逆に「純収益÷キャップレート＝収益価値」として収益価値を試算する際の指標となります。ホテルのキャップレートは、リーマンショック以降大幅に上昇に転じ（収益価値は下落）、その後もSARSや大震災等の影響を受けてきました。リーマン危機脱却後、ホテルを取り巻く外部環境に好材料がそろい、2012年以降キャップレートは低下傾向を強く示していました。

　しかし、新型コロナウイルス感染症の影響を受け、2020年以降、キャップレート水準は上昇に転じました。2019年11月調査結果と2022年5月調査結果を比較すると、賃貸に供されているホテルに対するキャップレートで約＋0.54％でした（2019年11月4.68％から2021年11月5.22％）。賃貸ではなく事業収支に対するキャップレートについては、同＋0.7％でした（2019年11月4.94％から2022年5月5.28％）。賃貸ではなく事業収支に対するキャップレートについては、約＋0.7％でした（2019年11月4.94％から2022年5月5.62％）。

　しかし、リーマンショック時のキャップレートの変化＋1.63％（2007年11月5.33％から2008年11月6.96％）と比べて変動幅自体は小さかったといえます。

　ホテルや旅館の価値が収益性だけで決まり、かつ純収益が一定であるとすれば、キャップレートの低下によってホテルの市場価値は上昇します（図表

5 - 6：事業収支前提キャップレート、図表5 - 7：賃貸収支前提キャップレート）。2021年以降のキャップレート水準はほぼ安定的に推移しており、キャピタルマーケットは観光宿泊業界の収益力を静観しているようすがうかがえます。

事業収支前提のキャップレートと賃貸収支前提のキャップレートでは、たとえば固定賃料が丸ごと賃料収入となるため、事業リスクが大幅に低減しま

図表5 - 6　事業収支前提―属性別キャップレート総平均値推移

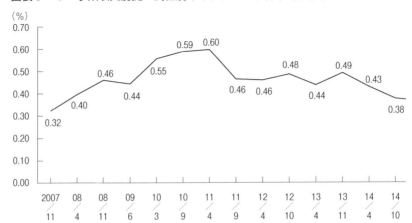

図表5 - 7　賃貸収支前提―属性別キャップレート総平均値推移

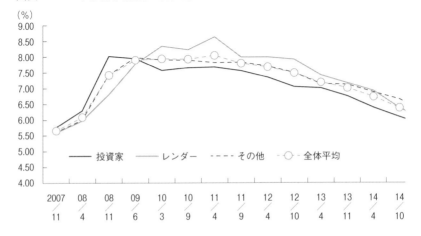

す。その結果、「事業収支前提のキャップレート」＞「賃貸収支前提のキャップレート」という関係になります。この差異について、市場環境が好調な時期においては、自ら事業を営み利益を得ようとする所有直営プレーヤーも増え、宿泊施設の買い進められるため、事業収支前提のキャップレートが低下します。図表5－8をみると、2013年11月から事業収支前提のキャップレートが低下し、コロナ禍に入ってから再び上昇に転じています。

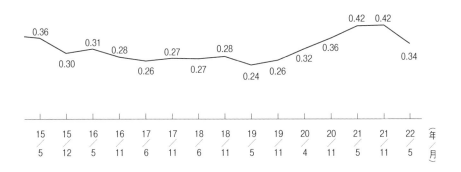

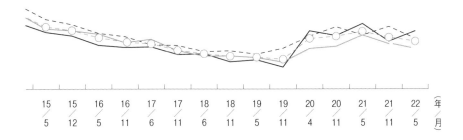

図表5－8　事業収支と賃貸収支のキャップレート格差

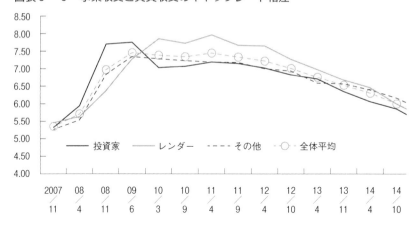

図表5－9　箱根地区・熱海地区の事業収支前提キャップレート

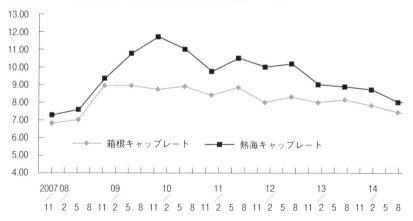

　一方、旅館のキャップレートについて、箱根地区および熱海地区のキャッ
プレート推移（図表5－9）をみてみると、箱根地区は2021年5月6.35%（回
答者数17人）→2022年5月5.39%（回答者数8人）、熱海地区は2021年5月
6.90%（回答者数12人）→2022年5月5.82%（回答者数5人）という結果でし
た。箱根地区や熱海地区は、都心から近く、個人顧客ニーズ増を反映して高
く評価されていることがうかがえます。

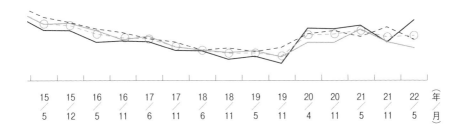

	15	15	16	16	17	17	18	18	19	19	20	20	21	21	22	(年
	5	12	5	11	6	11	6	11	5	11	4	11	5	11	5	月)

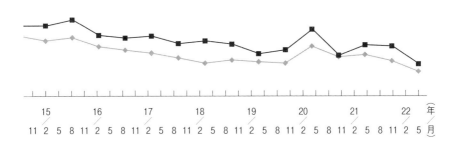

	15			16			17			18			19			20			21			22		(年
11	2	5	8	11	2	5	8	11	2	5	8	11	2	5	8	11	2	5	8	11	2	5	月)

　ここで前提とする純利益には、会計上の利益概念とはやや異なり、減価償却費等の償却前営業利益から、建物に関する資本的支出の積立金や、家具什器備品に対する積立金を控除したネットキャッシュフロー（NCF）を採用しています。ホテルや旅館の場合、純収益に直近期実績を使用することもありますが、単年度の純収益から市場価値を求めることから将来純収益の変動が予想される場合には、その変化もNCFか利回りかいずれかで考慮しておく

必要があります（ここでは安定化後を想定したNCFを想定しています）。当社の
キャップレート調査では、主要各都市について、運営が安定的でありその結
果NCF変動リスクが低い優良ホテルを想定してもらい、調査対象とするマー
ケットで最も低いリスク、つまり各マーケットに対する下限値としての
キャップレートを調査しています。ここでいうリスクとは「純収益の変動リ
スク」を指しており、将来の予測からどれほどぶれる可能性があるのか、そ
の度合いの影響を受けます。たとえば築古施設の場合、突発的な修繕費がか
かるおそれがあり、予測が大きくぶれる可能性があります。本調査では下限
値としてのキャップレートを調査していますので、実際に使用して収益価値
を求める際には、本調査結果を参考に、建物遵法性を含めた上記建物リスク
のほか、権利関係リスク、環境リスク、行政リスク、テナント（ホテル運営
力）リスク等の個別リスクプレミアムを加算する必要があります。

⑷　運営形態別収支分析

次に所有者直営方式を採用するホテルと不動産賃貸借方式を採用するホテ

図表5－10　事業収支前提の平均キャップレート

事業収支前提（％）	札幌市	仙台市	都心5区	横浜市
ラグジュアリーホテル	5.90	6.09	5.03	5.54
シティホテル	5.89	6.08	5.05	5.50
アッパービジネスホテル	5.72	5.90	4.88	5.32
ビジネスホテル	5.80	5.97	4.96	5.36

図表5－11　賃貸収支前提キャップレートの平均値

賃貸収支前提（％）	札幌市	仙台市	都心5区	横浜市
ラグジュアリーホテル	5.71	5.93	4.79	5.24
シティホテル	5.75	5.90	4.78	5.18
アッパービジネスホテル	5.30	5.41	4.46	4.84
ビジネスホテル	5.26	5.50	4.55	4.89

ルに分けるとともに、ラグジュアリーホテル、シティホテル、アッパービジネスホテル、ビジネスホテルの４カテゴリーについて、それぞれのキャップレートを調査した結果を紹介します。NCFの性格にあわせて、所有直営方式のキャップレートは「事業収支」（図表５−10）を、不動産賃貸借方式は「賃貸収支」（図表５−11）をそれぞれの前提としています。

　都市別のキャップレートについて、2007年以降の推移をみると各都市キャップレートの変化の度合いはやや異なっています。そこで、都心５区のキャップレートを基準に、他都市がどれほど変化しやすかったかをみてみます（図表５−12）。ここでいうベータ値とは、都心５区を基準に、それとの比較でどれほど変化しやすいかを指数化したものです。本ベータ値は2007年11月調査から2022年５月調査までの合計29回の調査結果に基づき各都市のキャップレート対前回変化率を求め、その変化率について都心５区を基準にした指数に置き換えたものを採用しています。たとえばある都市のベータ値が「1.0」であれば、その都市のキャップレート変化は都心５区の同変化とまったく同じように変化していることを意味しています。今回仙台市の平均

（単位：％）

名古屋市	大阪市	京都市	広島市	福岡市	沖縄県
5.71	5.51	5.49	6.08	5.62	5.83
5.69	5.51	5.51	6.07	5.63	5.86
5.49	5.35	5.39	5.89	5.44	5.69
5.57	5.44	5.46	5.93	5.47	5.79

（単位：％）

名古屋市	大阪市	京都市	広島市	福岡市	沖縄県
5.41	5.23	5.21	5.93	5.31	5.79
5.36	5.19	5.20	5.91	5.28	5.77
5.03	4.86	4.91	5.38	4.97	5.23
5.13	4.94	4.99	5.44	5.03	5.27

図表 5 −12　キャップレートベータ値

東京基準ベータ値	札幌市	仙台市	都心5区	横浜市	名古屋市
ラグジュアリー直営型	1.01	1.00	1.00	0.99	0.95
シティホテル直営型	1.04	1.03	1.00	1.00	0.96
アッパービジネス直営型	1.08	1.05	1.00	1.03	0.99
ビジネス直営型	1.09	1.07	1.00	1.04	1.02
ラグジュアリー賃貸型	0.98	0.99	1.00	0.98	0.94
シティホテル賃貸型	1.00	1.00	1.00	0.99	0.95
アッパービジネス賃貸型	1.06	1.05	1.00	1.05	1.03
ビジネスホテル賃貸型	1.13	1.10	1.00	1.09	1.08
平均ベータ値	1.05	1.03	1.00	1.02	0.99

ベータ値は1.03でした。仮に都心5区が＋10％変化する場合、仙台市は＋10.3％（＋10％×1.03）変化する可能性を示唆しています。

　また、ホテルカテゴリー別でベータ値の大きさを比較すると、「ラグジュアリーホテル＜シティホテル＜アッパークラスビジネスホテル＜ビジネスホテル」となり、ビジネスホテルのキャップレートは他のホテルカテゴリーに比べ市場の影響を強く受けている可能性があります。

(5)　適切な賃料水準

　賃貸契約に基づく宿泊施設の収支の分析では、賃料が適切に負担可能賃料となっているかが重要です。ポイントは大きく2つあります。1つは、たとえば歩合賃料が採用され、かつ歩合賃料がGOPに連動しているような場合には、特に経費内に不要な人件費やその他経費が含まれていないかを確認する必要があります。そのためには、各経費項目について、高額なものがあれば、その内容を確認することが必要です。

　もう1つは、GOP以下で適切な賃借人利益や賃借人が経費負担している場合には賃借人負担のFFE積立金、その他借地料等を控除した後に求めら

大阪市	京都市	広島市	福岡市	沖縄県	運営カテゴリー別で東京以外の平均値
1.00	1.07	0.93	1.01	1.05	1.00
1.01	1.07	0.98	1.03	1.02	1.02
1.04	1.10	1.01	1.06	1.05	1.04
1.06	1.08	1.04	1.08	1.05	1.06
0.98	1.02	0.91	0.99	1.02	0.98
0.98	1.00	0.97	1.00	0.99	0.99
1.05	1.07	1.03	1.04	1.03	1.05
1.09	1.08	1.07	1.10	1.06	1.09
1.03	1.06	0.99	1.04	1.03	—

れる調整後GOPが適切な賃料水準となっているかを確認する必要があります。固定賃料の場合には、当該調整後GOPが固定賃料を上回っていない場合、持続可能性が懸念されることになります。

また、歩合賃料の場合、契約条件により求められる歩合賃料と、上記のように引き算で求められた負担可能賃料を比較し、適切な条件となっているかを確認する必要があります。

MC契約が締結されている場合には、将来計画上、MC契約内容を適切に反映した収支計画になっているかを確認する必要があります。ベースフィーとインセンティブフィーだけではなく、会員利用に関連する諸費用、マーケティングフィー等を反映している必要があります。

第 **6** 章

宿泊施設の
デューデリジェンス

財務リストラクチャリング実施時における調査ポイント

　財務リストラクチャリングを成功に導くためには、宿泊業の事業特性をふまえた、的確なデューデリジェンス（事前調査）を行う必要があります。ここで解説する調査ポイントは、宿泊施設の賃料収入に着目した所有権への投資、不動産を賃借して経営するホテル・旅館の事業性、委託する運営の安定性を判断する際に共通します。

⑴　旅館の特徴はラグジュアリーなおもてなし

　まず、主に旅館の事業特性をホテルと比較しながら整理していきます。

　これまでリピーター顧客を中心としてきた旅館にとって、サービスをビジネスとしてブランディングする視点や、顧客層を能動的に形成するコンセプトメイキングは特に不要だったのかもしれません。その結果、多くの旅館が本来の価値に見合った評価を得ていないように感じられます。

　日本旅館の特徴は、ラグジュアリーホテルにも匹敵する、丁寧な手厚いサービスにあります。四季折々の室礼が施された和空間で、接客係から献立の説明を受けて山海の幸を贅沢に使った懐石料理を堪能。食後は源泉かけ流し温泉を引いた大浴場や客室内の露天風呂で寛いでいるうちに、布団が敷かれている——。さらに接客係は、ラグジュアリーホテルのバトラー（執事）と同様に、滞在中、身の回りのお世話を、客から相談があればリゾートホテルのコンシェルジュのように観光の手配もしてくれます。

　従業員顧客視点を身につけ、自然に「おもてなし」を施すとともに女将自身が顧客別の嗜好を把握したうえで顧客満足度を常に高めるよう顧客接点を直接コントロールしているような小規模トップクラスの旅館は、ラグジュアリークラスのホテルに匹敵するどころか、優れた手本ともなりうる、日本の

誇るべき文化資産といってもよいでしょう。

　以下では、標準的なシティホテルと小規模な旅館を想定し、それぞれの事業性について比較評価を行ってみます。シティホテルはADRが1万～3万円、その他宴会機能と料飲機能を有している施設を想定しています。小規模旅館では2食付1人当り単価が2万～4万円、客室規模20～50室の施設を想定しています。

(2)　ホテル・旅館の事業特性の比較

①　マーケット特性

◆客室価格

シティホテル	客室料金で販売。提供するサービスレベルに応じた適切な価格設定が必要。
小規模旅館	2食付1名料金が中心。泊食分離による料飲部門の収支管理が課題。運営面でも泊食分離の導入により、多様化する顧客ニーズに対応すること、地域への貢献・地域活性化への協力を強めたい。

◆商圏

シティホテル	商圏は広域であり、海外顧客も視野に入れている。インバウンド市場に適切に訴求し、対応力を強化していくことが課題。
小規模旅館	通常、商圏は小規模（背後商圏からのリピーター獲得がポイント。市場規模およびその推移が重要となる）。商圏広域化が課題。

◆顧客特性

シティホテル	周辺需要源を目的とする顧客、観光目的のほかビジネスユースも多い。自身が需要源となるべく、顧客接点を増加させたい。
小規模旅館	リピーターの確保が新規顧客の獲得と同様に重要。個人客への訴求力が高い。課題はリピーターが高齢化するなか、新規顧客への訴求力を高めること。

◆マーケティング

シティホテル	国内のほか、海外マーケティングも必要。課題は客室構成にあわせたマーケティングと、コロナ終息後に回復が期待されるインバウンド市場への対応。
小規模旅館	足元商圏が中心。女将等による直接的顧客接点が強み。課題は人口減のなかで積極的に新規顧客やインバウンド市場に訴求していくこと。

◆エージェント

シティホテル	室料に対するコミッション。課題は自社HPの強化。適切なエージェントポートフォリオ管理も必要。
小規模旅館	1泊2食付で販売すると食事代にもコミッションがかかるケースが多い。課題は泊食分離、自社HPの強化、会員組織の組成。

◆ブッキング（予約経路）

シティホテル	ネットエージェントの取扱い増加とともに積極的な販売傾向がみられる。課題は適切な客室の対エージェントアロットメント管理。
小規模旅館	リアルエージェント依存度が依然高く、販売はブロックによるアロットメントの影響あり。課題は自社HP比率の引上げ（ネットエージェントを含む）。

◆リードタイム

シティホテル	比較的滞在予定日の直前に予約が入る（ただしインバウンド市場は長期）。課題はこまめな料金管理。
小規模旅館	比較的長期。課題はネット比率を高めることで直前の販売コントロールをしやすくする等の取組み。

◆外国人対応

シティホテル	ポストコロナ時代においては回復し、かつ市場の再拡大が期待できる。課題はリードタイムの長い外国人FIT（個人旅行客）層を中心にすることで単価UPを追求（円相場の影響もあり）。
小規模旅館	コロナ禍以前では、一部では外国人客の増加がみられたものの、取り込みにくかった。送迎力の拡充、アクセス情報の提供が課題。

② ハードウェア特性

◆立　　地

シティホテル	中心市街地に多い。課題は地域社会とのコラボレーション。
小規模旅館	温泉街等中心市街地から通常は離れている。課題はアクセス性に十分にケアした情報発信が必要。移動手段の確保も視野に。

◆客　　室

シティホテル	洋室が中心。課題はさまざまな顧客層に適した多様な客室構成の確保と維持。
小規模旅館	和室が中心。課題は客室コーディネート、管理の費用と手間がかかること。

◆アミューズメント

シティホテル	宴会場、料飲施設、フィットネス、プール等。課題は情緒性を訴求するほか、既成概念を超えた機能性の追求。
小規模旅館	大浴場が中心（天然温泉）。課題は徹底した衛生安全対策、温泉を活かした商品やサービス（スパ等）の開発。

◆遵法性

シティホテル	旅館業法、建築基準法、消防法、自治体条例等各種規制への準拠。課題はより徹底した安全安心の提供。
小規模旅館	国立公園内の事業は、自然公園法上の許可等も関与し、より複雑化している。課題は適切に管理し、属人的許可等にはケアが必要。旅館業法、建築基準法、消防法等、顧客の安全にかかわる法令を満たしているのはいうまでもない。

◆築年数

シティホテル	築古傾向が顕著。築年相応の劣化、耐震性能懸念もみられるほか、毎年熱効率が低下する設備も多い。課題は劣化してから修理ではなく、適切な事前修繕計画とその実施。そのための知識や経験豊富な施設管理者の確保や施設管理用に適切な組織構成が求められる。
小規模旅館	総じて古い建物が多い。文化性がある旅館では築年に応じて競争力が増加することもある。木造では耐用年数はより長期化。課題は古くなるほど管理が困難になりやすい。適切な事前修繕計画とその実施が必要。

③ 収支特性

◆収益規模

シティホテル	相対的に売上規模は大きい。
小規模旅館	相対的に売上規模は小さい。課題は背後商圏が大きいエリアであれば、面的運営（複数旅館運営）や、チェーンとして一定規模を確保することで、スケールメリットも必要。それによりキャピタルマーケットにも訴求しうる。

◆純収益変動リスク

シティホテル	季節性もあるが、ビジネス、観光等セグメントに幅があり、その他部門である程度ヘッジも可能。課題は増収期には、変動費比率の上昇、減収期には固定費比率の上昇による利益コントロール、マーケットに応じた部門構成の構築。
小規模旅館	季節性が大きいほか、顧客セグメントに幅がほとんどなく、観光利用中心。課題はチェーンとしてのポートフォリオ管理、顧客セグメントの新規開拓。

◆経　　費

シティホテル	部門別に予算が策定され、しっかりと管理体制が構築されているホテルが多い。課題は背後商圏が大きいエリアであれば、面的運営（複数旅館運営）や、チェーンとして一定規模を確保することで、スケールメリットも必要。
小規模旅館	着物等スタッフの制服、客室清掃費、庭園清掃費、室礼備品費、社宅費等も高い。課題はチェーン管理とすること。効率的な経費管理が求められる。

④ 管 理 面

◆収支管理

シティホテル	通常は部門別収支管理ができている。課題はスタッフィング、原価管理の基礎となりうる予算管理の構築。
小規模旅館	部門別収支管理ができていない旅館が依然として多い。課題は運営効率性の向上。部門別収支管理の導入が求められる。

◆AM、PM管理

シティホテル	市街地に所在するケースが多く、委託することは比較的容易。
小規模旅館	施設から遠方に受託会社があることが多く、目が行き届いた管理が困難。ある程度、ハンズオンが基本となる。チェーン管理による、効率的管理が求められる。

◆人員確保

シティホテル	比較的容易ではあるものの、人手不足が慢性化。今後少子化が進むなか、効率的運営、高い労働生産性管理が求められる。また、主婦やシニア層のいっそうの活用が課題。
小規模旅館	市街地から距離があり十分な数の通勤スタッフの確保がむずかしく、困難であり、社宅手配が求められる。課題は自家用車通勤が可能な地元スタッフを重視するとともに、研修、トレーニング体制、モチベーションの向上プログラムの構築。

◆施設管理

シティホテル	ビル管理として委託が容易な環境にある。課題は多機能設備を擁すること。施設管理者は、更新期の見極め、緊急修繕対応力等が求められる。
小規模旅館	数寄屋造り等独特の和風建築が多く、適切な職人確保が容易ではない。課題はチェーン管理とすること。自社管理等の効率的運営が必要。

◆庭園管理

シティホテル	市街地にあり委託は比較的容易ではあるが、人手不足による単価増が懸念。課題はチェーン管理とすること。自社管理等の効率的運営が求められる。
小規模旅館	広大な庭園管理では、専門的な庭師等が必要。チェーン管理等とすることによる効率的運営が求められる。

◆仕入れ管理

シティホテル	仕入れ担当の部署や入札を導入しているホテルも増加している。課題は、歩留まりや食材破棄を徹底排除したメニューの原価管理。
小規模旅館	仕入れは料理長が管理しているケースが多い。課題は適切な原価管理体制の導入。

◆環境配慮

シティホテル	当社調査によると、60〜70％の顧客が環境への配慮を重視しており、また、ADRで1〜5％加算余地がある。インバウンド市場に対しても訴求力につながる。今後はさらにSDGsの取組みが重視される。
小規模旅館	地産品の使用や、自然との共生を意識した旅館が多い。課題は生ゴミのリサイクル、堆肥からさらに仕入れとグリーンサイクルの検討や実践。また、インバウンド増も背景に今後は海洋保全プログラムへのケアも重要要素に。なお、SDGsの取組みはシティホテルと同様に重視される。

⑤　組織特性

◆組織

シティホテル	規模が大きいこともあり、組織化が早くから進んでいる。ノウハウや情報が組織に帰属しやすい。課題はマルチタスクの導入等。
小規模旅館	女将だけの知識・経験・ノウハウが多いため、属人的オペレーションとなりやすい。個別顧客の嗜好データも担当する仲居だけに帰属しやすい。現組織の良さは残しつつ情報管理システムを適切に構築する必要がある。

◆運営形態

シティホテル	所有・経営・運営のさまざまな組合せがある。課題は3主体間コミュニケーションの円滑化、徹底による市場変化に柔軟に対応できる体制構築。
小規模旅館	所有＝経営（ブランド）というケースが多い。課題は市場変化への対応が遅れ、コンプライアンス対応が劣ること。属人的運営はキャピタルマーケットの対象になりにくい。

◆支配人機能

シティホテル	総支配人による全体部門管理。課題はFIT増を背景に、旅館の女将のような責任者による直接的な顧客接点の導入。

小規模旅館	通常は女将が全他部門管理および直接的顧客接点を有する。課題は会員組織を構築し、システムとして管理することで、属人的経営ではなく、容易に次の女将にも引き継げるようなビジネスとすること。特に女性の質感が支持される傾向がみられるため、女将の存在は非常に重要であり、人材育成や確保が求められる。

◆客室担当

シティホテル	使用されたレストラン、その他各部署が把握可能。課題は属人的情報とならないよう、会員組織、システムを通じた情報管理。
小規模旅館	仲居が個別ニーズを的確に把握可能。課題は属人的情報とならないよう、会員組織、システムを通じた情報管理。

◆外国人対応力

シティホテル	英語対応やハラル対応を含め、昨今は徐々に高まっている。課題は国内客と海外客、それぞれに対する適切なサービス提供（パーソナルサービス）。
小規模旅館	スタッフ確保が多くは困難。課題は別途サポート機関を使用すること等で検討余地あり。朝食では、日本食以外の洋食提供力も求められる。その他女将の英語対応力も求められる。

◆料 理 人

シティホテル	総料理長を頂点に和洋中の部門が構成されている。課題は料理、サービス、ハード質感と一体となったサービスを展開するうえでの十分なコミュニケーション。セントラルキッチン導入等効率的な厨房施設が求められる。
小規模旅館	料理長を筆頭に和食中心に構成されている。課題は料理、サービス、ハード質感と一体となったサービスを展開するうえでの十分なコミュニケーション。また、持続可能なかたちで信頼できる料理長を確保、維持する仕組みづくりも喫緊の課題である。

⑥ サービス特性

◆おもてなし

シティホテル	パーソナルサービス、事前ニーズの把握等多くは、（あれば）コンシェルジュ機能が中心。課題はよりいっそう、日本的なおもてなし要素が求められること。また、コンセプトも明確化する必要あり。
小規模旅館	エントランスの「打ち水」等から始まる日本的おもてなしが中心。課題はインバウンド増も視野に自社HP等を通じた事前情報によりそれらの意味を適切に伝えること。

◆イブニングサービス

シティホテル	ターンダウンサービス等のイブニングサービスを実施。課題はプライバシーが重視される傾向も強く、顧客に対して事前に選択肢を豊富に用意すること。
小規模旅館	担当仲居による、布団敷きあり。課題はプライバシーが重視される傾向も強く、顧客に対して事前に選択肢を豊富に用意すること。客室構成ではベッドルームも検討。

◆食　　事

シティホテル	レストラン利用（インルームダイニングも可能）。課題は顧客ニーズの多様化の認識。
小規模旅館	基本はインルームダイニング。課題は顧客ニーズの多様化の認識。

◆地産地消

シティホテル	重要となっている。情緒性に訴求しうる要素の1つでありいっそう重視すべき。
小規模旅館	基本的要素。課題は仕入れ先の安定化、地域で共同管理等の検討。

◆四季対応

シティホテル	地域に根差した食材提供だけではなく、日本の季節に応じた旬の食材提供や文化性を表現した食事提供が顧客に支持される。日本的室礼を含め、情緒性に訴求しうる要素を重視すべき。
小規模旅館	季節に応じた室礼を施す等丁寧な取組みがなされている。情緒性に訴求しうる要素の1つとして、よりいっそう重視したい。

⑶ 財務指標チェック

　次いで、ホテルの財務指標のチェックリストを整理してみましょう。有価証券等に基づく財務指標を整理すると、収益性指標、安全性指標、成長性指標等があげられます。それぞれコロナ禍前における参考数値です。

① 収益性指標

◆総資本経常利益率（または営業利益率）

　総資本に対する経常利益の割合を求めた指標であり、経常利益ではなく営業利益を使用する場合は総資本営業利益率となります。営業利益の場合は本業の業績評価に着目する指標となりますが、総資本の中身に、遊休資産等がある場合、それらの影響を受ける点には注意が必要です。宿泊特化型ホテルではコロナ前でバラツキがあるものの7.0％前後が多く、優良なホテル事業会社では10％を超えていました。一方、部門利益率が低い宿泊部門以外を擁する事業会社であれば3.0％前後も少なくありません。

◆売上高経常利益率

　効率的な運営ができているかをみる指標です。コロナ禍前の宿泊特化型ホテルでは15.0％前後が多くみられました。部門利益率が低い宿泊部門以外を擁する事業会社であれば3.0％前後が多いようです。

◆総資本回転率

　効率的な資本運営ができているかをみる指標であり、コロナ禍前でおおむね1.0回転前後でしたが、5回転を超える優良事業会社もありました。

◆固定資産回転率

　効率的な固定資産運営ができているかをみる指標であり、コロナ禍前でおおむね1.0回転前後でした。

◆自己資本経常利益率

　効率的な資産管理や資本運営をみる指標であり、宿泊特化型ホテルの自己資本経常利益率ではコロナ禍前でおおむね15.0〜25.0％でした。

② 安全性指標

◆流動比率

　安定的な当座資金等を確保しているかをみる指標であり、宿泊特化型ホテルでは、バラツキがあるもののコロナ禍前で130.0％前後が多くみられました。

◆固定資産比率

　財務体質の安全性を示す指標であり、固定資産÷自己資本で求められます。施設を所有していない場合は100％を下回りますが、大規模な宿泊施設は一種の装置産業であることから当該水準は総じて高い事例が多いようです。

③ 成長性指標

　成長性指標では、客室数の推移、事業に伴う総売上げの推移等に基づく成長率指標があげられます。さらに、簿外負債がないかも十分に確認しておく必要があります。

⑷　運営力とブランディングの確認

　経営理念や組織構成、事業部門構成、株主構成や代表者の略歴、今後の新規出店計画や事業戦略のほか、財務情報の確認を行う必要があります。

　会社情報の整理として、ホテルや旅館以外の事業にはどのようなものがあるのか、それらは宿泊事業と相補関係にあるのか。それは、もし宿泊部門のリスクが顕現化した場合に、カバーすることができるか。会社の人的資本はどれほど豊富で魅力があるのか、スタッフの育成方針、社会貢献活動や自然生態系の保全／生物多様性の尊重に関する取組み、企業統治上の仕組み等の確認を行う必要があります。

　そのほか、ブランドメッセージの有無と内容、ホテルサービス・コンセプトの有無と内容を確認するほか、顧客満足度（CS）管理の仕組みや従業員満足度（ES）管理（調査）の仕組みがある場合には、その調査結果の確認が重要です。また、CSは調査票の回収率の確認も行うべきでしょう。

⑸ 不動産に関するチェックポイント

① 敷地の境界確定・越境の有無

敷地の境界が確定していない場合には、土地面積の正確な把握が困難であり、将来的に隣地所有者とのトラブルや土地面積の測量等が必要になる可能性があります。

② 地下埋設物や土壌汚染リスク、上下水道および電気、排水管およびガス管等設置状況

地下埋設物や土壌汚染については、すでに建物がある場合には、即座に大きなリスクにつながらないものの、長期的には撤去費用・除去費用が現実化するものですので、リスクの度合いを適時把握しておくべきです。特に施設内にクリーニング設備を有していたり、洗濯物の受渡しを行っている場合には、クリーニング所（取次所）の開設届を管轄する保健所に提出し、構造設備の確認を受けている必要があります。これらの届出が正しくなされているか、確認します。また、大気汚染防止法および石綿障害予防規則の改正により、2022年4月1日以降に着工する一定規模以上の解体・改造・改修工事には、石綿（アスベスト）の事前調査結果の報告が義務化されました。法律で適正な処分が義務づけられているPCB廃棄物の保管・処理計画についても確認が必要です。

温泉管や上下水道や電気、ガス管の引込みや設置状況は、事業に影響を与えます。それぞれ上下水道ではどれほどの規模の配管が導入されているのか、下水ではなく浄化槽であればその維持管理状況を含めて調査するほか、電気、ガス管の設置状況を調査する必要があります。特に排水管は損傷が目立つケースが多く、建物のなかに埋め込まれた排水管であれば改修はほぼ不可能ないしは容易ではなくなります。排水管がどのようなかたちで建物内部に設置されているのかも、非常に重要なチェックポイントとなります。

③ 建物に関する調査

建物に関しては、先の土地に関する行政規制に適法に準拠しているか、消防法をはじめ関連諸法令の規制について、たとえばエレベーターホールの防

火区画対策（遮煙性能を有する扉の設置等）等旧来の法律では問題がないものでも、法改正に伴い現状の法規制上は不適合となっているものも多くあります（既存不適格）。また、たとえば京都市ではすべての客室にバリアフリー対応を求める、別の自治体ではレストランのエントランスに手洗いを設ける必要がある等自治体が条例によって個別に規制していることもありますので、個々の地域ごとに条例による規制内容の確認も必要となります。それらはその後リニューアル工事等が必要になった場合には、過去にさかのぼって適法化、つまり修繕等によりそれらを合法化する必要が出てきます。増改築等により竣工当時から間取りの変化等がある場合に、必要な行政法規上の手続がなされずに実施されているものも散見されます。したがって竣工時だけではなく、建物の増改築等変更時における建築確認等手続書類等をすべて確認する必要があります。さらに、自家発電設備を有している場合には、毎年適切に試運転を行い点検がなされているかも重要なチェックポイントとなります。築古の施設では、検査済証がない施設も多くみられます。その場合、あらためて施設確認を行う等の対応が求められます。

たとえばシングルルームをセミダブルルームとし、ビジネス需要から、より観光需要に訴求できるかたちに客室収容人数を変更するホテルもあります。そのような計画がある場合には、収容人数と関連づけられている受水槽や浄化槽（ある場合）、消防設備に関連する自家発電設備等がそのような変更に耐えうるか調査する必要があります。

④　そ の 他

旅館事業が地域に密着した運営であることや、立地的にも山岳地帯にあれば自然公園法等の規制等が別途大きな影響を与える点に十分留意が必要となります。

温泉利用に関しては、泉質や湯量、汲み上げ場所のほか、それがどのような権利に基づいているのかを確認します。たとえば人間関係のなかで特別な優遇条件で使用しているのであれば、温泉の権利者が変わったときでも同じ条件で使わせてもらえるのかどうかです。追加的に費用が発生するようでしたら、その額の把握が求められます。温泉の場合には昇温循環設備が適切に

配置されているか、かけ流し温泉では毎分100リットル必要ともいわれており、温泉湯量は毎分どれほど供給されているか、その権利は第三者に移譲できるのかも非常に重要な確認事項となります。さらに旅館では、丘陵地や高低差の大きな立地に所在している場合において、その方角は眺望や日当たりに影響を与えることから、地勢や地質、地盤を含めてその方位等についても的確に把握し、それらが事業性に与える影響も確認する必要があります。

第2節　宿泊事業リスクの見極め

　以下では収益性や経費面に影響を与えうる、主に定性的なリスク要因について「ブランド」「マーケットリスク」「新規参入脅威」「個別競争力」「テナント」について現地調査時における確認事項、注意点を整理してみます。

(1)　ブランド

　顧客がホテル・旅館を選択する場合、その判断要素として、単に旅行目的地での宿泊手段としての利便性や価格に加え、これまでの顧客の人生経験と好みが強く作用すると筆者は考えています。つまり顧客の価値観とホテル側が表明する「自分たちはこういう宿を提供したい」という価値観が共鳴したことで選んでもらえるのです。これはビジネスホテルでもシティホテルでも日本旅館でも同じです。価値協創時代を迎え、この価値観の共鳴は非常に重要な要素となっているのです。

　顧客の価値観と事前の表明価値観が合致し、選択し宿泊した結果、さらに期待に沿うサービスだったときにはじめて共感を呼び、「人と人のつながり」としてホテルは顧客心理の奥深くに重要なポジションを築きます。事前のブランド知識に合致したハードウェアには意味が付与され、サービスに一

貫性を感じさせます。ブランドイメージと合致したスタッフの振る舞いはエピソードとして記憶にとどまるのです。

この意味において、ブランドは委託して付与されたものであれ、自社で開発したものであれ、ステークホルダーが宿泊施設をみる際に、非常に重要なチェック項目となります。

ブランドが委託契約により付与されている場合であれば、委託費用が実際のブランド貢献との比較において妥当かどうかを検討します。委託費は主にベースフィーとインセンティブフィーから構成されますが、ブランド側の宣伝広告や販売促進活動を支えつつ、ブランド毀損リスクを吸収したうえで、妥当と考えられる水準か否かを検討することとなります。すべての報酬を合算し、対売上高比で何パーセントとなっているか、それを支払っても報酬支払後のGOPが、ブランド付与がない場合の想定GOPを上回っているかどうかを検討すべきです。

⑵　マーケットリスク（陳腐化リスク）

ホテルを取り巻く環境は常に変動しています。開発当初はマーケットに合致したハードやサービスであっても、時間の経過に伴い陳腐化していく可能性もあります。たとえばエントランスピロティー（車寄せ）の天井部分が低いために、昨今増えているハイデッカーバスの乗り入れができず、インバウンドの取込み等に支障をきたしているケースや、宴会場の天井が低いために最新の映像音響機器が有効に使えないケースなどです。

ソフト面についても同様に陳腐化リスクがあります。団体客向けのサービスでは営業体制の構築から団体客の行動パターンに沿ったサービス提供が求められる一方で、個人客については、いかに心理的つながりを個別に築けるかに焦点が移っています。団体客には対応できるが、個人客には対応できないような硬直的な組織である場合には、運営面に関するリスクが見込まれます。

ホテルは団体客であろうと、個人客であろうと、究極的には人対人の商売ですので、団体客が求めているものは何か、個人客であればどうすればそれ

ぞれの顧客の立場でサービス提供ができるかを柔軟に調整する能力が問われているのです。

(3) 新規参入脅威

　顧客にとってホテル利用は実際に現地に行くまで本当にHP等にうたってあるとおり快適かどうかはわかりません。その意味では、築古ホテルよりも新築ホテルのほうが、心理的ハードルは低いといえます。ビジネスユースの場合にはリゾートホテルと違い、ホテル選択にそれほど時間がかけられることはありません。それだけにビジネスホテルにとって新規参入は大きな脅威となりえます。自施設よりも良い立地に新規参入があった場合の負のインパクト、すなわち自施設がこれまでのシェアを維持できるのか、ADRはどれくらい低下を余儀なくされそうなのかを十分に検討すべきです。負のインパクトが予想される場合には、収支予測で織り込むのか、リスクファクターにて吸収するのかについて判断します（新規参入のインパクトシミュレーションについては、第5章3節(2)を参照）。この新規参入脅威については、新規参入ホテルの関係会社の属性やスタッフ構成、会員組織や営業力等ソフト面をあわせて総合的なインパクトを検討することとなります。

　高い収益性を維持しているホテルマーケット環境にあり、対象ホテルの周辺に一時使用目的の土地や更地がある場合には、許認可の届出状況調査も行い、潜在的な新規参入脅威について十分に確認する必要があります。

(4) 個別競争力

　ホテル競争力の源泉はブランドや人的サービス力、料飲サービス、ハードウェアまで幅広く、現地調査にあたっては現状の競争力の源泉がどこにあるのかを判断する必要があります。ホテル競争力に影響を与える要因のうち主なものをあげると以下のとおりです。

① 空調設備
　客室の空調設備には、2管式と4管式、その他家庭と同様の個別設備があります。4管式であれば宿泊客は自分で冷暖房温度を自由に調整できます。

騒音や温度調整、風量調整に不備がない限り、心理的ストレス源にはなりません。一方で2管式の場合には、利用者ごとの細かな温度調整がむずかしく、時期によっては大きな心理的ストレス源となりかねません。

温度調整の柔軟性や風量調整については十分に確認する必要があります。一方で経費面では2管式のほうがエネルギー効率に優れている場合も多いことから、施設の環境もふまえて、いずれのタイプが望ましいか個別に検討すべきということになります。

心理的ストレスという意味においては、部屋の臭いも非常に重要な要素です。2020年4月に受動喫煙対策を強化した改正健康増進法が施行され、宴会場やコンベンションホール、ロビーなどの公共空間が禁煙となりましたが、客室での喫煙はまだ認められています。しかし、2000年代に入って鮮明になった成人喫煙率の低下傾向とともに、客室のたばこ臭を嫌ったり、予約時に禁煙ルームを選ぶ人が増えています。

このため禁煙ルームが十分に用意されているかもポイントとなりますが、あわせて、喫煙ルームも含めて煙草の臭いやカビ臭さ、香水やその他臭気が残っていないかに注意が必要です。客室内だけではなく、ロビーから客室通路を含めて顧客動線全般を確認する必要があります。この点は、ビジネスホテルかシティホテルか等のホテルカテゴリーに関係なく重要なチェックポイントとなります。

② ホテルチェーンの会員組織

宿泊施設の集客力の源泉として、会員組織も重要な要素です。もっとも、組織的な送客や会員リピーターのおかげで安定的利益が見込まれる一方で、価格の柔軟性や運営の自由度が制約を受けます。それら組織構成と機能性に応じて会員組織の内容および規模が当該ホテルの競争力にどのような影響を与えているかを確認する必要があります。会員組織に対する付帯サービスの一環としてホテルの一部が開放されている場合には、一般顧客に対するサービスが阻害されていないか、施設利用状況を確認する必要があります。

また会員組織については、市場価値を算出するにあたってその帰属先を確認する必要があります。ホテルチェーンのブランドが変更されることで旧会

員による当該ホテルの継続利用が途絶えてしまうおそれがあります。逆にホテルが独自に会員を勧誘し組成した組織体であれば会員組織継続の可能性もあるでしょう。運営者が変わった場合にその会員組織が対象ホテル固有の組織なのか、チェーン全体に帰属する組織なのかという点も重要な確認事項となります。

③　その他客室関連

その他客室での調査ポイントを整理します。宿泊部門はホテルサービスの中心機能ですので、安心して休めることはもちろん、プライバシー確保は重要な確認事項となります。客室の遮音性ではフロアのエレベーターホールや廊下からの騒音についてドアと床の接する部分に遮音機能がついているか、密閉性はどこまで確保されているかを確認します。さらに隣接客室からの騒音がないか、フローリングの場合には上下階からの音が響くことはないのか、顧客からのクレーム履歴を確認します。騒音が一度気になると滞在時の印象が台無しになってしまいかねません。冷蔵庫の音や換気口の騒音、エレベーターの停止音等細かく確認する必要があります。

バスルームはトイレ使用時やバスタブに体を沈めたとき、視線は意外に細部にまで届くので、丁寧なチェックが必要です。バスルームについては清潔感や印象の良し悪し、ユニットタイプであればサイズを確認します。顧客の利用目的にもよりますが、ビジネスホテルであれば1216サイズ（1,200mm×1,600mm）前後が多いようです。これを下回ると狭いという印象を与えがちです。細かいことですがバスルーム内の備品にも注意が必要です。たとえば歯磨き用チューブサイズが3gの場合、夜使用すると朝の分がないかもしれません。女性の利用が多いホテルであれば、いわゆるシャンプーインリンスは敬遠され、ドライヤーに風量のターボ機能がないと「使いづらい」とSNSに書き込まれるかもしれません。リネン類については特に臭いに関する書き込みがみられます。

安全対策では客室との段差やバスタブの手摺の有無、シティホテルでは非常用電話機の有無も確認します。修繕項目とも関連しますが、バスルームの配管清掃頻度は給湯湯量や給湯温度調整機能の有無とともに確認事項です。

バスルームに関しては、昨今、デザイン性を重視する傾向が見受けられます。たとえば、アイランド形式でのベーシン（洗面台）です。ただ、デザインは優れていても、たとえば使用音が響くようだと客室の快適性を損ねてしまうので注意が必要です。

　客室内の家具は顧客ニーズに合致したものか、つまり使用する顧客の視点でそろえられているかを確認します。長期滞在者が多いホテルではバッゲージラックやクロークの有無、客室で仕事をする人が多い場合にはライティングデスクのサイズや椅子の座り心地、照明やインターネット接続環境をみます。アイランド形式で室内に独立したライティングデスクがあれば快適な執務空間が提供されているといえるでしょう。アッパークラスのビジネスホテルであれば、電話の設置数にも留意が必要です。ベッドサイド、ライティングデスク、バスルーム等どこでも重要な電話がとれるよう配慮されているホテルは好印象につながります。コロナ禍において、テレワークやワーケーションが普及し、デスク環境の良し悪しがホテルの収益性に影響を与えるようになりました。ベッドは製造会社とともに、デュベスタイルか否か（ベッドカバーではない）、枕の数や種類を確認します。リネンについてはデュベスタイル（羽毛）であれば清潔感もあり印象がよいですが、費用も相応にかかることから、採算性の観点から必要か否かを意識しながらチェックします。

　客室内の防犯・防災体制については、絨毯やクロス、カーテンの防炎ラベル、煙感知器、スプリンクラー設置状況のほか、避難経路案内を確認します。宴会部門を擁するホテルであれば、ダイレクトリー（ホテル案内）内の宿泊約款に暴力団排除規定が適切に記載されているか、窓が開閉する場合には転落防止用の開閉ストッパー等の有無とともにその開閉幅や窓枠の高さをみます。大浴場があるホテルのなかには、宿泊客が鍵を客室内に置き忘れて締め出されるのを防ぐため、自動ロック機能がドアについていない施設も少なくありません。このような場合には運営効率を重視し顧客の防犯配慮がおろそかになっている可能性があります。しかし、防犯上、自動ロック機能があり、顧客の入退室管理が可能な非接触型カードキーが望ましいでしょう。またシリンダーキーを使用している場合、勝手に合鍵を作成されるリスクが

ありますし、鍵の紛失による出費もばかにできません。

　その他客室全体の質感を左右する広さと天井高、絨毯の質、清潔であること、眺望が要確認事項となります。天井高は2,400mm前後が多いようで、これを下回ると圧迫感を与える可能性があります。ロールカーペットはタイルカーペットよりも質感が優れている一方で交換には相当のコストがかかります。眺望はビジネスユースであればあまり気にされないようにも思えますが、客室全体の質感に影響を与えることから、どのようなホテルカテゴリーであっても重要です。

④　バックヤード関連

　顧客からみえないバックヤードの清掃状況や管理状況は対象ホテルのサービス哲学をはじめサービスの本質を見極めるよい材料となります。本当によいサービスを提供しようとしているホテルのバックヤードは、第一線で顧客と接するスタッフの心がまえと、ホテルの安全意識を垣間みることができます。リネン庫は通常客室のある各階に設置されていますが、たとえば非常通路がリネン庫がわりに使用されているホテルもあります。いうまでもなく消防法違反です。また、客室内に設置されているコップ等をどこで洗浄しているのか確認しましょう。リネン庫内の洗浄設備や、清掃スタッフ専用の手洗い場があればより衛生的です。

　さらにバックヤードに備品が置かれている場合には施設全体の倉庫が不足している可能性があります。そのような場合は機能的減価としてホテルの価値にも影響を与えます。裏動線については、サービス用エレベーターの設置状況が客室の清掃効率に影響を与えるのでチェックポイントになります。また、客用エレベーターの数については、おおむね100室に１基が目安になりますが、収容人数、同伴係数や建物階層との関係で本当に足りているか注意すべきです。

　厨房には、潜在的リスクの多くが潜んでいます。食材動線や清潔感、空調管理設備、器具の設備水準と維持管理状況、スタッフの衛生管理等を的確に確認すべきです。厨房の床は清潔に保たれているか、食器類は適切に管理されているか、食器洗浄等スチュアード設備は適切かつ十分なものか、冷蔵庫

等の倉庫スペースも含めて丁寧な確認が必要でしょう。厨房機器では特に料理メニューに応じた適切な設備や機器があり、必要なものを適宜導入する、あるいは更新していく必要があります。厨房が快適な空間でないとおいしい料理をつくることができません。

その他社員食堂の内容と運営体制、仮眠室の有無や地方であれば社宅完備はスタッフの日々の活動を支える非常に重要な設備ですので、状況把握が必要となります。

⑤　その他施設

その他施設では、宴会部門、料飲部門、アミューズメント、フロント・ロビー等に着目します。まず宴会場については、宴会ニーズの変化に対応してリニューアルがなされる場合、アウトソースや客室化、会議室化、テナント化等さまざまな取組みがみられます。しかし改装に伴い運営上の支障が生じるなど機能的減価につながりやすいので注意が必要です。ハード面とともに、特にソフト面とのバランスがとれているかを点検します。いくらハード面で優れていても営業体制が脆弱では十分な収益性が発揮できません。宴会部門は顧客にとっても利用リスクが大きい部門です。ソフト面では営業体制のほか、確固たる宴会サービス哲学に基づいて運営されているか、安定的サービス提供を行うことができるのか、委託契約で配膳会を利用している場合にはその管理状態についても確認すべきです。宴会場はハードウェアに関する固定費も大きく、原価率の設定が厳しくなりがちです。特に近隣に宴会専門施設がある場合には特に厳しい競合を強いられている可能性があります。料理の味はもとより、コストコントロールという枠内でどのように柔軟に差別化を図っているかを確認すべきです。ハード面では宴会場前のホワイエの有無やエスカレーターなど上下動線運搬力の有無、さまざまな利用者のニーズに対応するための照明・音響設備が設置されているかを確認します。

コロナ渦中にはほぼ壊滅状態にあった宴会部門ですが、今後はMICE市場の活性化やそもそも宿泊施設（ホテル・旅館等）が地域イベントの受け皿機能を有していることから、ポストコロナ時代に向けてあらためてニーズが高まるはずです。一方で、感染症防止のための対策が必須となります。可能で

あれば開口部の設置や換気設備の見直し（換気力の向上）、テーブルに対する席数の減少による余裕のあるスペース確保等が求められます。

　婚礼宴会、一般宴会を擁する場合には洋食、和食、中華それぞれの料飲施設で効率的運営がなされているかを確認します。セクショナリズムが横行していては効率的なスタッフ配置ができないからです。和食であれば高額接待が手控え傾向にあることもあり、柔軟な料金設定等メニュー開発や営業に工夫が必要です。中華は利用客の幅が広がることもあり、比較的安定的な場合が多いようです。フレンチは、宴会部門がある場合、本格フレンチが提供されているケースが多く、和食店同様、料金帯もやや高めとなるコース料理中心となり顧客が限られてくる可能性もあります。

　重要なのは、各店舗の顧客ターゲット、ビジネスストーリーを確認することです。レストランはホテルの3要素、すなわちハードウェア、ソフトウェア、ヒューマンウェアのバランスがとれていない場合、ホテル全体の悪い印象につながります。レストランの雰囲気、スタッフの振る舞い方、客層、清潔感と照明・音響等を含めた全体空間を見渡すことで、ホテル全体の状況把握の参考とすることができます。ポストコロナ時代において、今後いっそう、アウトドアミーティングスペースが求められます。テラス等があり、会議利用できれば今後のニーズに合致できます。サービスでは、魚料理コース、肉料理コース、野菜料理コースの3コースを柔軟に調整できる運営力が求められます。

　⑥　人事制度について

　人事制度も確認範囲が非常に広いことから、ホテル価値へ与えるインパクトが大きいものを優先して確認すべきです。まず、部門別での人員過不足を確認します。人員不足によりスタッフに過度な労働を強いているような場合には、中長期的に無理が生じ、結果的にGOPが低下していく可能性が高いからです。給与規程については、平均年齢が上昇している状況で年齢によるベースアップがある場合、人件費を自動的に押し上げていくことになりますので、平均年齢推移は将来収支フォーキャスト上重要な確認事項となります。その他賞与支給状況、退職金規程がある場合の退職給付引当状況、残業

規程の取決内容等の枠組みはスタッフのモチベーションに影響を与えます。それらの制度が周辺の競合ホテルと比較し十分なものでなければ、優秀な人材流出につながりかねません。ホテルは人対人のビジネスです。人材流出相次ぐようでは競争力を維持することはできません。人件費の将来収支フォーキャストでは、固定費と変動費への分解を視野に入れて調査する必要があります。現状の固定費比率とアルバイト等による変動費比率を見極め、今後の運営方針も含めて安定的水準を模索することとなります。なお役員等関連会社からの派遣社員等がいる場合、その給与の負担先が関係会社となっている場合も多く、個別契約内容にも留意しつつ資料徴求を行う必要があります。さらに、周辺の平均給与水準と比較して適切な給与水準となっているのか、休暇が適法にとられているのか等も重要なチェックポイントです。

⑦ 財務情報について

過年度収支実績において大きな変化があった勘定科目については、その原因を明らかにしておきます。将来収支予測にあたっては、数字の背後にある事実関係と照合する必要があるからです。宴会部門がある場合には、入金タイミングを確認します。また、貸倒れが頻繁に生じている場合には、適切に貸倒引当金が計上されているか確認します。その他資金面については、ホテルが賃貸借契約に基づく場合、賃料の支払時期が月末払いか中間日払いかは正味運転資金の必要額に影響を与える可能性があります。必要とされる正味運転資金が多額の場合には利息相当額を見込計上し控除すべきか判断する必要があります。外販事業を行っている場合には、不動産に帰属する収益ではなく運営に帰属する収益だと思われますので、不動産価値を把握する場合にはその点を考慮します。仕入れ先業者が集まるいわゆる業者会の存在が、原価にも影響を与えている可能性もあります。

原価コントロールは運営者によって取組内容や考え方が大きく異なります。とくにエネルギーコストの高騰は財務を圧迫しますので、デマンド契約の内容や電気、水道、ガス、重油等の単価推移を確認し変動リスクを把握しておく必要があります。足元ではロシアのウクライナ侵攻によって、どの施設でも大幅なエネルギーコスト増が生じています。将来収支計画上もエネル

ギーコスト高を適切に判断し反映すべきです。

温泉利用がある場合には排水処理次第で経費計上が異なります。浄化槽によるのか下水道を利用しているかで水道光熱費に計上されるか、所有設備として保守点検・修繕費に計上されているかが異なりますので留意が必要です。

委託料項目については、客室清掃が自社体制か委託か、自社体制でも経費を抑えるためアルバイトを使用しているような場合には、十分な清掃が実施できているか、客室清掃が委託の場合には委託料単価が適正水準にあるのかを確認します。支払手数料では代理店への手数料について、所在するマーケット環境との関係でどのような経費水準となっているか、数字とともに背後事実と突き合わせていきます。財務情報については、ホテルの運営が変化したらどのように数値が変化するのかを理解したうえで、現状把握を行うことになります。

⑧　その他チェック項目

社宅は、スタッフの健康管理やモチベーション管理上重要な施設です。スタッフは個人の心理的状態にかかわらず接客プロとしての振る舞いを求められます。この意味から強い心理的ストレスを抱えやすい「感情労働」であり、社宅をはじめとしたホテルスタッフへの配慮をみることは、はホテルマネジメント力の確認でもあります。したがって対象ホテル自体だけではなく、社宅等付帯施設についても現地確認を丁寧に行う必要があります。

顧客用駐車場の収容台数が不足している場合には周辺に借地していることが多く、当該借地の安定性とともに地代水準にも留意が必要です。借地をしているホテルの売買想定価格を算定するにあたって、底地権者に支払う譲渡承諾料の水準を把握しておくことも必要です。また、顧客の主要アクセス手段が車であれば、ホテル敷地への進入容易性や主要道路からの視認性、看板のみやすさ等も施設の立地性の一環としてあわせて確認します。

なお立地に関するその他注意点はホテルカテゴリーごとに異なり、ホテル利用目的や顧客がホテルに到着するまでの想定される文脈（顧客心理）を考慮した調査が必要です。ビジネスホテルでは駅利便性が非常に重要な要素と

なりますが、ターゲットとする需要者が車アクセス中心のルートセールスマンであれば、車でのアクセス性がより重要となるかもしれません。実際に利用者がどのようなサービスを求めているかをイメージしつつ立地確認を行います。

　そのほか、競合する宿泊施設から、対象施設をしっかりと視認できるような場合には、競合施設を使用した顧客が次回同じ地域に宿泊する際に当施設を選択してもらえる可能性もあります。マーケットが成熟し、市場規模が縮小する局面であれば、販売室シェアの取り合いになります。一方、成長過程にあるマーケットでは各ホテルが共同して市場を発展させようと努力し、ホテル集積が逆に好循環につながる可能性もあります。宿泊需要源が明確になればなるほど、顧客の行動パターン、利用する目的やニーズが比較的わかりやすく新規参入もしやすくなりますので、むしろ市場の成長余地と個々の施設の収益性にとって不安定要素となる可能性もあります。

　その他チェック項目の最後はフロント・ロビーです。前述したように、ここでの印象は後のホテル経験を左右するといっても過言ではありません。心理学ではプライミング効果とかアンカリング効果といわれる作用です。フロント・ロビーについては全体の質感を左右する要素すべてに気を配る必要があります。天井高やロビースペース、フロントカウンターの配置、エレベーターホールの視認性、絨毯の質感、家具類の印象といったハード面からスタッフの配置、客層とさまざまな項目、動き、臭い、雰囲気全体を確認します。

⑨　担保評価の観点からのチェック項目

　最後に担保評価という評価目的に照らした留意点についてです。市場価値を端的に追求するのであればさまざまな価格形成要因を考慮し、考えられるシナリオを分析します。具体的には想定される市場参加者のうち、ホテルへの投資家をある程度特定し、この投資家がどのような価格アプローチをとるか、また、そのような投資家が同時期に複数見込まれるのであれば、最有効使用（当該不動産のその時点における最も効率的な使用方法）にいわば「伸びしろ」が見込まれます。法律的、物理的、経済的に最高最善の使用方法を追求

しそれに基づく収支フォーキャストを採用した投資家が市場価値を決定することとなりますので、シナリオ分析に基づき最有効使用を特定したうえで評価を行う必要があるのです。

　ただ担保評価においては、今後ハード面で大きなリニューアルが計画されており収益増が見込まれる場合においても、保守的観点から原則的には現況を所与とした評価を行うべきである点に留意します。不動産を中心とするハードウェアに関して現状維持を想定するだけではなく、ブランドやホテルの運営力も同様に現状維持を前提に評価します。

　さらに、車両運搬具や家具什器備品等については、観光施設財団等でない限り担保でカバーされていませんのでそれらを除いた評価を意識する必要があります。具体的には賃貸用不動産でない場合、つまりホテル事業収支に基づき評価を行う場合には、FFEを含んだホテル価値が求められますので、最終的にはそれを建物、土地、FFEに分解し、建物と土地に帰属する価値として補正する必要があります。分解方法には、たとえば純収益からFFEに対する想定帰属純収益を控除することで土地建物に帰属する純収益に補正する方法や、土地・建物・FFE積算価格比を採用しホテル価値を案分する方法、ホテル価値からFFE時価査定値を控除する方法が考えられます。これらのうちいずれの方法を採用するかについては、FFEの耐用年数や時価の把握状況、ホテルカテゴリー等に応じて判断します。

　宿泊施設は、ハードウェア、ソフトウェア、ヒューマンウェアの３要素が一体となって収益性を発揮します。これら３要素が一体となることでホテルとしての全体印象を浮かび上がらせているのです。不動産評価であっても、スタッフのサービス力、スタッフと彼らの舞台でもあるハードウェアと結びつけているソフトウェア（運営ノウハウ）の確認は欠かせません。立派な建物と付帯設備を誇る新規開発案件であっても、ハードウェアだけでホテル事業は成り立たず、さまざまな部門スタッフを集め、どのようなサービス哲学のもと、どのようなサービスを提供するのか、そして最後にビジネスとして利益確保をどうやって成し遂げるのか、全体のビジネスストーリーが明確でない限り、適切な評価ができないのです。

⑸　テナント選定におけるチェックポイント

　不動産賃貸借方式における賃借人、すなわち実際にホテル事業を経営する
テナントは、運営実績のほか、財務健全性や安定性、成長性等を確認したう
えで、賃貸借契約を結んできたはずです。借地借家法に基づく定期建物賃貸
借契約で賃料を定め、テナントチェックと両輪で賃貸借契約の安定性を確保
してきました。しかし今回の世界的なパンデミックにより、観光産業、なか
でも宿泊業界は影響を甚大なダメージを受け、それに伴い事業収益を賃料収
入に転化する賃料の安定性もまた大きく揺らぐこととなりました。

　振り返れば2011年の東日本大震災も宿泊業界に多大な影響を与えました。
東京都区部に所在する43ホテルのOCC（客室稼働率）、ADR（客室平均単価）、
RevPAR（OCC×ADR）の平均値（各ホテルの月次OCCを客室数で加重平均）
について、震災直前の１年間（2010年３月～2011年２月）の数値を100とした
場合に各年度同月の数値を指数化した数値の推移（2011年１月～2014年12月）
をみると、2011年３月に東日本大震災が発生し、全国的に人の移動が停滞し
たことから、東京都区部のホテルにおいても、同３月の指数はOCCが
70.9、ADRが95.4、RevPARが67.7と大幅に落ち込み、翌４月は、OCCが
69.5、ADRが84.8、RevPARが58.9とさらに低下しました。

　もっとも、東日本大震災の時には、物理的な被害が小さかった東京都区部
においては早い段階で経済活動が正常化しました。ホテルに関するKPI指数
についても、2011年４月をボトムとして一定のＶ字回復を果たし、震災発生
から１年を経過しない2011年12月（101.2）に震災前の水準に回復しました。
その後、若干の揺り戻しもみられたものの、2012年４月（102.8）以降は100
を超える水準を維持し、さらに急激に増加したインバウンド需要を背景とし
て、2013年以降の上昇過程へとつながりました。

　これに対して、コロナ禍は、世界規模の災厄でした。WHO（世界保健機
関）が、2020年２月にパンデミック宣言を行い、国内では、旅行をはじめ行
動制限を呼びかける緊急事態宣言が発せられました。しかも、それまで2020
年東京オリンピック・パラリンピックの開催に向けて、宿泊業界において

は、大規模な設備投資や人員配置等の拡大が本格化していたこともあって、突然のコロナショックに対する短期間での調整・修復はほぼ不可能に近い状況でした。

では、コロナ禍の教訓を経て、今後のテナント選定の要件はどのように変化していくのでしょうか。

テナント選定のチェックポイントでは、ポストコロナ時代における宿泊市場の特徴として、大規模集中型観光から個人市場を中心とする小規模分散型市場へと大きくシフトすることを前提に整理する必要があります。

個人市場を経営展開の中心にすえたチェックポイントは、これまでどおり、運営実績、財務健全性や安定性、成長性等の確認を行うことで変わりはありません。ポストコロナ時代においては、これに加えて、以下の観点もテナント選定において求められます。

まず、事業会社がチェーン経営している場合、同社の代表事例から個人市場向け現場サービスコーディネート力を有しているかを確認する必要があります。たとえば、代表施設の運営状況を調査し、施設のポテンシャルを十分に生かせているのか、また、ハードウェア、ソフトウェア（サービスメニューやブランディング）、ヒューマンウェア（スタッフ接遇力）をどのように調和させているのかについて、予約からチェックイン、チェックアウトに至るまで、カスタマージャーニーを個人市場向けにコーディネートできているかを確認する必要があります。

第二に、事業会社のサービス理念やブランドコンセプトが、今後求められるであろうサービス要素と整合しているかを確認します。これはマーケティング能力に関する確認でもあります。たとえば、自然環境保全や生物多様性の尊重、社会性、地域性、バリアフリー対応等が含まれるものと考えられます。

最後に個人市場では事前の期待感が誘客力に直結するほか、滞在後の満足度にも影響します。つまり、ブランディングがいっそう重視される市場にシフトしたといえます。このため、マーケティングと表裏の関係にあるブランドメッセージのPR手法や内容、さらには社内に浸透させるインナーブラン

ディングの取組みの有無と内容の確認が重要になります。

旅館の伝統的事業特性

　日本の旅館における「女将さん」の存在感は、良きにつけ悪しきにつけ、非常に大きいものがあります。女将のおもてなし力が長年にわたって利用してくれる有力リピーター顧客を数多く獲得し、旅館の営業を牽引してきたことは間違いありません。また、経営が苦しいときに敷地のオーナーや仕入れ業者が「あの人にだったら商売抜き」の優遇で助けてくれ、ベテランの従業員たちがついてきてくれるのも女将の魅力ゆえでしょう。

　半面、筆者は老舗旅館の経営が女将を中心にした情緒的関係性に依存し、収益を度外視した「おもてなし」を続けてきた結果、業務の効率性が失われ、外部環境の変化に適応できずに窮境に陥る例もたくさんみてきました。こうした旅館では、たとえば女将が顧客とのパイプを一手に管理し、属性や利用歴などの顧客情報データベースとして他の従業員と共有していなかったり、顧客別収益性分析はおろか、部門別収益管理も十分にできていないケースも散見されます。

　スタッフとの関係においても信頼関係に過度に重きを置き、料理長に仕入れの判断をはじめすべての権限を託したからには、厨房にはいっさい口を出さないという暗黙のルールが規範化され、改善を妨げる環境を女将自らがつくってしまったというケースも少なくありません。そうした風土では、業務マニュアルを使うような体系的なトレーニングは軽視され、よくいえばOJT、経験の浅いスタッフは、「先輩の背中をみて学ぶ」しかないのが実態ではないでしょうか。こうした、なにごとにも属人的な組織が、自ら生産性向上のための事業改革を推進しにくくしていることは想像にかたくありません。スタッフの適材適所を見極めた配置、十分なトレーニング体制および指導やサービススタンダードの再構築のために、外部の目を入れることもひとつの方法です。

第 7 章

ポストコロナの
V字回復に向けて

第1節 ハイブリッド型賃料へのシフト

(1) コロナ後、海外では契約の見直し相次ぐ

　2019年2020年からの新型コロナウイルス感染症の流行は、世界規模でホテル市場に大きな影響を与えました。観光市場については、中長期的には、世界人口の増加傾向や世界規模での所得水準の堅調な推移予測を背景に、依然として魅力的かつ有望な市場でもあります。そのような市場において、今後どのような取組みが求められているのでしょうか。

　ポストコロナ宿泊市場においては、引き続き感染症拡大防止対策の徹底が求められるはずです。設備更新については、1人1時間当りの換気量（㎥/人/時間）を引き上げるための改修のほか、ランドスケープの存在価値の見直し、自然環境との共生やサステナブルな運営を追求するCO_2排出削減の徹底等のための設備更新が該当します。新たなバリューアップ投資では、今後いっそうシェアを拡大するであろう個人市場に対応すべく、ブランディングに沿った質感整備や快適空間の提供、顧客滞在価値を向上させるような設えや整備の徹底が求められるものと思われます。そのような環境にあって、あふれる資金を背景にキャピタルマーケットからは強い投資意欲もみられ、今後いっそう、所有・経営・運営の分離が進み、利益をシェアすると同時にリスクも按分する運営形態が進むものと考えられます。

　海外では、コロナ禍を経て、ホテルの賃貸借契約の内容を見直す例が相次いでいます。海外で主流になりつつある最新のホテルの不動産賃貸借方式の特徴を以下に整理します。

　賃料支払条件は、①固定賃料（Fixed）、②歩合賃料（Variable a share of revenues or profits）、③ハイブリッド型賃料（Hybrid a combination of①and

②）に分けられます。最も保守的であり、他用途でもみられる賃料支払条件が、固定賃料となります。国際会計基準審議会が制定した財務報告基準のリース基準（IFRS16）では、固定賃料による不動産賃貸借契約に基づく将来負債は、資本還元して貸借対照表に計上することが求められていることから、賃借人にとっては資本コストになってしまいます。

※日本においても、金融商品取引法の適用を受ける上場会社等は、財務諸表等規則により、リース会計基準の適用が義務づけられています。

　一方で、賃貸人は、将来期待される賃料収入を資産として計上し、金融機関に対する大きな信用力補完・強化材料とすることもできるのです。賃貸人からすれば、固定賃料確保の蓋然性を担保したうえで、預託金の支払や第三者保証を求めることも多いようです。

　商業施設等のホテル以外の事業用不動産では、海外では特に、施設所有者が経営に協力して集客に貢献することも多く、今後国内のホテル市場においても同様の取組みが増えるものと思われます。

　今回のような世界的なパンデミックでは、賃借人の多くは固定賃料のみの契約を許容しない（できない）一方で、完全歩合賃料の場合では賃貸人にとっては信用力補完材料とならないほか、賃貸借契約でありながら経営リスクを負ってしまいます。そこで海外ではハイブリッド型賃料が多く採用されるようになってきました。

　海外の不動産賃貸借方式では、所有・経営・運営の三者により形成される「サンドイッチ賃貸」と称される契約方式が多くみられます。

　サンドイッチ賃貸における注意点は、運営者が介する効果が十分に見込まれることです。そうでないと賃借人が所有者に賃料を支払い、かつ運営者にもフィーを支払う結果、賃借人が適切な利益を確保できなくなり、持続可能な運営方式となりません。そして、所有者と経営者との間の信頼関係が不動産賃貸借契約書に基づく健全なホテル経営の基礎となります。そのために双方の適切なリスク負担が求められます。

　海外のホテル賃貸借形式ではおおむね図表7－1の4つのタイプに整理することができます。日本では、「グロスリース」が主流です。所有者（賃貸

人）に租税公課等の固定費負担が生じていますので、海外では一般的な歩合賃料による賃貸条件では、所有者のリスクがあまりにも大きくなってしまいます。

裏を返せば日本国内でのホテル賃貸借契約では、賃借人がオーナー経費を負担することは少ないのに対して、海外では、図表7－1のとおりシングルネット、ダブルネット、トリプルネットの賃貸形式が多いということです。この点が、国内宿泊市場と海外宿泊市場の大きな違いの1つです。

① ホテル賃料スキームに影響を与えている項目

✓税制や会計基準を含めたファイナンス環境や同条件の違い

✓賃貸形式の違い（グロスリースかトリプルネットか等）

✓宿泊施設の社会的地位やスタッフの意識の違い

✓個別ホテル事業特性（需給バランス、ADR水準や経費水準の違い）

✓ホテルマーケットの成熟度（関係者のホテル事業特性に対する知識や理解の度合い）

次に①の海外のホテル事情をふまえたうえで、今回の新型コロナウイルスによるパンデミックにより、海外におけるホテル賃貸借契約がどのような調整を行ったのか調査したところ、おおむね以下のような傾向がみられました。

② 海外におけるコロナ禍中に増えた主な不動産賃貸借契約の調整内容

✓賃料支払を一定期間免除し、かつ免除期間を反映して賃貸期間を調整する

✓賃料の繰り延べをし、その分を将来、金利を含めて償還する

図表7－1　海外のホテル賃貸借形式における費用負担

賃貸形式	賃料	租税公課	建物保険料	修繕管理費
グロスリース	賃借人	所有者	所有者	所有者
シングルネット	賃借人	賃借人	所有者	所有者
ダブルネット	賃借人	賃借人	賃借人	所有者
トリプルネット	賃借人	賃借人	賃借人	賃借人

- ✓採用されている賃料比率や賃料割合を調整する
- ✓固定賃料について、中立の第三者評価機関による妥当性の検証を行い、定期的に調整する
- ✓RevPAR（※）指数を用いた固定賃料の調整機構を導入する
  ※1日の販売可能客室数当り宿泊部門売上げを指す
- ✓賃貸人の期待利回りを調整する
- ✓固定賃料割合を減少させ、歩合賃料割合を増加させる
- ✓賃貸人（所有者）は、積極的に価値向上策を模索する
- ✓賃貸期間を短期化することで、賃借人のリース負債を軽減する
- ✓賃借人から提供可能な賃料保証に関連する事項を精査する
- ✓賃借人（経営者）のホテル事業収支を開示し、賃貸人のリスク分析を強化する
- ✓賃借人（経営者）は運営者によるストレスチェックを得て、積極的に賃貸借契約条項の検証を行う
- ✓運営者による必要な賃貸借契約条項の確認を促す
- ✓客室部門と料飲部門の歩合賃料比率（客室部門の歩合賃料比率＞飲料部門の歩合賃料比率）に変化をもたせる
- ✓ホテルの事業リスクを軽減するため、料飲部門のサブリースを可能な限り行う
- ✓賃貸人（所有者）は、今回のパンデミックおよび同様のインパクトをもつと思われる事象が生じるリスクをあらためて考慮した投資姿勢をもち、事業リスクに応じた契約条件を追求する
- ✓事業継続上、積極的に歩合賃料を導入する
- ✓賃料上限条項（Stop mechanisms）や事業撤退条項（Go-dark clauses）を導入する
- ✓これまで多くみられた内容的にややあいまいな不可抗力条項（Force majeure clauses）を撤廃し、感染症による市場変化に対応する内容等のさまざまな事業に関連するリスク対応を明文化する等

⑵　日本へのインプリケーション

　コロナ禍は、外部環境に大きく左右されるという宿泊施設の経営リスクを
あらためて表面化させました。しかし、コロナ直前の2015年度に世界人口の
約16.2％であった国際観光客数は、2019年度には約19.5％に急成長していま
した。今後も人口増とともに世界GDPの増加が予想されるなか、コロナ禍
を乗り越えた国際観光市場は再び拡大基調をたどるのは間違いなく、日本よ
りも早く感染症対策を緩和した欧米各国では、2022年初めの国際観光客到着
数が前年度比２〜４倍の非常に高い伸びを記録しています。前述したコロナ
禍中に活発化したホテル不動産賃貸借契約の調整内容からは、外部環境の変
動に弱いというホテル事業の経営リスクを正確に把握したうえで、観光産業
の中長期的な成長と、地域に大きな経済波及効果をもたらしてくれるホテル
経営を持続可能なものとするために、ステークホルダーが協議した成果にほ
かなりません。

　日本でも感染症の流行をはじめ不測の事態の発生への備え（端的には賃料
調整協議の条件設定）を契約に盛り込むべきです、その前提として、賃借
人・賃貸人をはじめとするステークホルダーが、変化のスピードを速める外
部環境による経営リスクを理解し、協力し合える強力な信頼関係の構築が求
められます。

第2節　生産性向上への取組み

低賃金・人手不足が慢性化

　宿泊業を含む観光業は、日本にとって今後も成長が見込まれる非常に重要

な産業です。それにもかかわらず、宿泊市場は長年人手不足に悩まされ、コロナ禍を経て、状況はさらに悪化しています。もともと業界の給与水準が低いことに加え、接客業につきまとう感染リスクへの恐怖が求人への応募をためらわせているためです。また、コロナ禍で事業活動の縮小を余儀なくされた企業の雇用維持を目的に支給された雇用調整助成金等も、皮肉なことにスタッフの宿泊業界からの離脱を促した面もありました。業界に対する長期的なリスクを懸念し、他業種への転職も多くみられたのです。また、水際対策措置により外国人技能実習生の新規入国や、いったん帰国していた外国人従業員の再度の入国が困難となったことから、特に客室清掃やベッドメーキングの現場における大幅な人員不足を招きました。

2022年春以降、水際対策は徐々に緩和され、技能実習生も入国できるようになりましたが、日本人やアジアの人たちの感染症に対する恐怖は、今後も根強く残るでしょう。このため、顧客の安全・安心ニーズに応えるためだけではなく、従業員が安心して働ける環境整備のためにも、感染症拡大防止対策の徹底を継続する必要があります。

また、SDGsへの取組みを徹底することも、従業員の誇りと労働意欲を高め、今後の人材確保の1つのポイントとなると思われます。

そして、最も重要な取組みは、生産性の向上による給与水準の引上げです。これを実現する近道は残念ながらありません。さまざまな取組みの効果を結集する必要があります。

生産性向上策の第一は、これまで本書でみてきた、所有と経営、運営の分離による、収益性の強化です。所有と経営が分離できれば、経営者は、不動産所有による固定費の呪縛から解放されるだけでなく、新たな経営資源（資金）を得ることができます。もちろん、高い事業性が前提となります。そのうえで、収益性の向上、地域への貢献、労働生産性の向上に専念する必要があります。ブランディングやPR、マーケティングには、運営力を外部から導入する必要があるかもしれません。

さらに、パート主婦など非正規雇用者の正規雇用への引上げも検討事項となります。その際、従業員の意識改革が必要になります。宿泊業の魅力や地

位の向上が大前提ですが、柔軟な働き方を支援するほか、接客の技術支援を徹底して提供する等の人材育成プログラムを開発し、活用する必要があります。宿泊施設は、地域情報を世界に向けて発信することができるメディア機能を有しています。また、緊急時には安全拠点としても機能します。

　地域と連携した事業を実践すること、たとえば料理教室の運営を地域の主婦に委託し、サービス提供する等ができれば、地域からの人材支援を受けることになるほか、新たなスタートアップ企業の構築にもつながる可能性があります。

　スタッフの人件費は削減だけを考えるのではなく、将来に向けた「投資」としてとらえることが大切です。そのうえで、観光宿泊産業が日本経済を牽引しつつ、さらには幅広い他業界にポジティブ効果を波及させうる重要産業であるという認識を、経営者と従業員さらには地域社会とが共有しながら、日本的な観光宿泊産業のあり方を追求していく必要があります。

　そのような機能を発揮することにより、宿泊事業者が地域にとっての社会的な共通インフラとして機能することで、宿泊事業の社会的地位を引き上げると同時に、個別施設の生産性の向上、その結果としてのスタッフ給与の向上にもつながると筆者は考えます。

　それらに対しては、宿泊施設の生産性の向上や宿泊事業者の経済的なプラットフォーム化や社会的共通インフラ化、スタッフの地位の向上等だけではなく、関係する事業会社の生産性の向上やSDGs対応、感染症拡大防止対策、品質向上に関して、それら取組みの「見える化」による付加価値への転換が求められます。

　残念ながらホテル・旅館業界からの人材流出が続く一方で、業務量は増えています。広がるギャップを埋めるためにも積極的にDXの導入、業務効率化、労働生産性の向上を追求していく必要があります。現在、自社がどのようなデジタル化に取り組めば効果が見込めるのか、また、若手スタッフを中心に社内にITを活用できる人材を確保し、ふさわしい業務・ポジションにアサインできる体制をつくっていくことも必要です。

業務委託先の人手不足問題

　ホテル・旅館業界がリネンサプライや清掃サービスを委託する会社の人手不足の問題も深刻です。特にコロナ禍においては、宿泊施設からの受託量の大幅減少のあおりで、人員整理を余儀なくされ、経費削減と称して計画どおりの設備更新や必要なメンテナンスを実施できない会社も多かったようです。その結果、宿泊施設からの受託量回復をこなせるほど工場内スタッフや運搬車両・ドライバーを手当できなかったり、なかには、洗濯用洗剤の"節約"をしたためにリネンの除菌が不十分で、臭いが問題になるケースもみられました。

第3節　専門職業家への意識改革

プロフェッショナルたる規範

　専門職業の業界では、多くの場合、社会的信頼を確立、維持し、業界が一体となって高品質なサービスをサステナブルに提供するため、専門職業家としてふさわしい振る舞いを奨励する倫理規範を設けています。たとえば、米国不動産鑑定士は、筆者も所属しているAppraisal Instituteが定めるCPE（Code of Professional Ethics；倫理規範）を遵守していないと指摘されると、罰則委員会からの処分を受けることになります。

　宿泊業界についても同様に、プロフェッショナルなサービス提供をサステ

ナブルに提供しうるよう、同様の倫理規範が必要だと思われます。つまりプロフェッショナルである専門職業家としての意識改革が求められます。宿泊施設は、大切な顧客の人命を預かると同時に、地域と共存し共栄を図っていくパブリックな存在であり、多様な機能を多様な顧客層に提供するという重要な経済活動を営む事業主体です。当該事業に関与する組織や携わる人たちは、全員が適切な倫理規範を遵守していかなければなりません。

そこで以下では、宿泊業界においても、宿泊事業者および当該事業者に従事するスタッフをすべて「専門職業家」としてとらえた場合に遵守が求められる宿泊業界の倫理規範について考えてみたいと思います。

宿泊業界の倫理規範

当協会が運営しているDMO等による品質認証制度であり品質向上プログラムである「サクラクオリティ」を例としますと、サクラクオリティ認証申請施設には、その参加要件として、認証協会が制定した倫理規範への遵守を求めています。

当該倫理規範は、(1)倫理規範、そして(2)プロフェッショナル行動基準があり、最後に(3)違反時の罰則規定の3部構成を採用しています（なお、サクラクオリティの場合であれば、懲戒等処分は、認証付与の一時停止、認証剥奪等となります）。

以下では、サクラクオリティにおける倫理規範を紹介します。

倫理規範

1　宿泊事業者および当該宿泊事業に関与する従業員は、宿泊機能を必要としている社会全体に対して、サクラクオリティネットワークおよび宿泊事業者プロフェッションとしての名声を傷つける行為を慎まなければならない。

例：サクラクオリティとして認証を受けた施設は、認証マークをホームページ、名刺、その他の媒体に使用することができ、その場合には、認証協会から直接提供を受けたロゴマークを使用しなければならず、当該マークについては、いっさいの加工を行ってはならない。

2　宿泊事業者は、従業員満足度の向上および高いレベルの顧客配慮を追求し、また維持しなければならない。

3　宿泊事業者および当該宿泊事業者に関与するすべての従業員は、顧客に関する個人情報を徹底して管理する等、守秘義務を厳守しなければならない。

4　宿泊事業者および当該宿泊事業者に関与するすべての従業員は、宿泊事業に関連する法律、法令や条例を含めた関連法に関して、持続的に遵法性の確保に努めなければならない。

5　宿泊事業者および当該宿泊事業者に関与するすべての従業員は、宿泊事業が地域との有機的関係を有することを熟知し、可能な限り地域との友好な関係構築に努めなければならない。

6　宿泊事業者および当該宿泊事業者に関与するすべての従業員は、率先して自然環境配慮を重視すべきことを理解しなければならない。

7　宿泊事業者は、キャンセルポリシーや提供サービス内容等に関して顧客を混乱させる、あるいは顧客をミスリードする、さらには顧客の判断ミスを誘発するような情報提供を行ってはならない。

ポストコロナ時代における個人市場に対応し持続的事業基盤を構築するために、さらには社会的な地位向上を目指すためにも、ホテル・旅館業は今後ここにあげたような倫理規範をよりどころに、高度な専門職業家としての意識を醸成していく必要があります。

コラム

フロントアピアランス

　フロントスタッフは、文字どおりホテルのフロント（顔）です。親しみを演出しようとなれなれしい態度で接したり、逆に過度に下手に出ることで顧客をいらだたせては、宿泊前から顧客のホテルに対する期待を大きく

損ねてしまいかねません。丁寧に、それでいてきびきびと振る舞い、背筋を伸ばして堂々とした第一印象を抱いてもらえるよう、身だしなみに気を配りましょう。

身だしなみ

　胸のネームプレートやホテルバッジは、まっすぐつけられていますか？ 制服の汚れやしわが目立ったり、携帯電話やボールペン等で胸ポケットが型崩れしていませんか？ 「ビジネスエリートの身だしなみは足元から」といわれ、意外に他人からみられているのが靴です。汚れがついたり、靴底がすり減ったりしていないかチェックしましょう。

　最近はメイクをする男性も増えていますが、ホテルのフロントスタッフの化粧は、男女の別なく、華美さよりも健康的な清潔感を大切にします。袖口や襟元の汚れ、肩のフケなどは論外。ヒゲのそり残しや鼻毛。オフの日に楽しんだ派手なマニキュアやネイルアートが残っていないか注意します。書類に書きこむために下を向いたとき、前髪が顔にかかるのを気にする人もいますので、長い髪は束ねておくのが無難です。目立つピアス、ネックレス、指輪も仕事の邪魔になっている印象を与えては逆効果です。

　香水や整髪料の香りはきつすぎませんか？ 体臭・口臭の臭いケアは大切なエチケットですが、最近では柔軟剤や消臭・芳香剤による「香害」も問題になっています。本人では気がつかないこともあるので、スタッフ同士でチェックし合いましょう。

接客態度

　日本のホテル・旅館ならではの「お辞儀」は、①背筋を伸ばし、②首を曲げず、③腰から上体を折り、④ゆっくり元の姿勢に戻って相手の目をみながら微笑む、という一連の動作をスムーズに行い、全身で歓迎の意を表しましょう。グレードの高いホテルでは、シチュエーションにより3種類のお辞儀（①ロビーやエレベータホールなどですれ違ったときに15度上体を傾ける「会釈」、②玄関でのお迎えやお見送りのときの30度の「敬礼」、③お詫びやVIP客へのお礼のときの45度「最敬礼」）が徹底されている必要があります。

　当たり前のことですが、どんな相手にも敬語を適切に、そして自然に使用できるよう普段から訓練しておきましょう。丁寧語、尊敬語、謙譲語が混ざっておかしな言葉づかいになっていませんか？ 過剰敬語が慇懃無礼な印象を与えることもあります。スタッフ間で謙譲語のレベルに大きなバラツキがないことも大切です。顧客との会話（もちろん謝罪のとき以外）

では笑顔を絶やさずに。マスク着用時でも、目元の表情と声でしっかり笑顔を届けましょう。

　接客中以外でも、フロントに立っている以上、常にみられているという緊張感を維持しなければなりません。何度も髪の毛を触ったり、鼻水をすることはNGです。スタッフ間の私語は控え、業務で必要な会話の際にも無用な笑い声はあげないようにします。

第4節　組織内コミュニケーション

管理者の責務

　従業員のプロフェッショナリティをまとめ、最大の成果を達成する、すなわちGOP（営業粗利益）を最大化する第一義的な責任を負うのは、総支配人であり、各部門の部門長です。

　総支配人、部門責任者の能力は、責任利益の安定性と成長性の確認、部門間でのコミュニケーションの状態に如実に現れます。組織規模がだいたい150人を超えると、総支配人がすべてのスタッフを適切に管理するのがむずかしくなり、組織の階層化と部門の細分化が必須となります。しかし、組織が大きく、複雑化するほど、トップと現場、あるいは部門間でのコミュニケーションが滞り、硬直的な組織運営になっていくおそれがあります。ホテルはさまざまな部門が協力し合うことで部門間でのシナジー効果も期待できます。日々の会議の実施状況と内容を含めた組織のコミュニケーションシステムは、規模が大きくなるにつれその重要度を増すことになります。

　すべての部門を統括する総支配人はハードウェア、ソフトウェア、ヒューマンウェアの３要素コーディネーターですので、総支配人がどのようなサー

ビス哲学を有しているかが重要となります。ホテルは人と同じくライフサイクルがあります。建物の経済的耐用年数に応じて重要視すべき運営戦略に違いがあります。3要素のコーディネーターとして総支配人の影響力は非常に大きいことから、ホテルサイクルに応じた適切な人選がなされているかを確認する必要もあります。総支配人をあえてパーソナリティで類型化すると、市場開拓型、コストカッター型、民主的組織力重視型に分けられます。一般的に、開業当初や運営形態が抜本的に変わった時期には市場開拓型支配人が、成長軌道にのった後は、組織を安定的に束ねる民主的組織力重視型支配人が、そして外部環境の悪化で売上げが後退している局面ではコストカッター型支配人が必要とされます。ホテルの事業ライフステージにマッチする総支配人像が求められます。

部門長以下のスタッフ

　M&A前のデューデリジェンスや銀行借入れ前の審査において、スタッフの力量を短期間の調査で把握することは容易ではないといわれます。しかし、ホテル・旅館の競争力の優劣を決する重要な要素が、最初にお客様を迎えるフロントをはじめ、現場のスタッフの力量であることはいうまでもありません。これまでみてきたように、スタッフから受ける印象が、ホテル・旅館の宿泊体験を大きく左右し、記憶に強く刻み込まれるからです。

　デューデリジェンスの際にスタッフに対して行うインタビューでは責任者以外にもフロントスタッフをはじめ顧客接点を管理する現場責任者の声を十分に聴くべきです。インタビューにより現場の声を聴くほか、実際に顧客としてサービスを受けてみること、そのホテルが存在するマーケット内における位置づけや、提供サービスが顧客のホテル利用文脈のなかでどのような意味を有しているかを意識しながら直に感じ取ることが有効です。ホテル運営は究極的には人対人のサービス業です。スタッフ個々人のサービスにバラツキがあれば、ホテルを代表する人の印象がまちまちということになります。それでは競争力の源泉となるブランドにつながりません。

利害関係者間のコミュニケーション

　ホテルを構成するハードウェア・ソフトウェア・ヒューマンウェアの3要素の背後では利害関係者間に利害の不一致、利益相反の関係もあります。たとえばブランドはスタッフ数を増加させ、よいサービスにつなげたいと考えても、一方で経営者は、そのようなことをすれば人件費率が上昇し、売上効果が明確でない限り、GOPを減少させてしまうことをおそれるようなケースです。あるいは経営者が施設競争力を高めるために設備更新を望んでも、所有者は（固定賃料であればなおさら）、応じないというケース等があげられます。

　3要素がバランスよく機能するためには背後の利害関係者間に適切なコミュニケーションが必要です。所有者は投資費用を回収したいが、一方で運営者はリニューアルをしてほしいという希望を持っているとします。もし、コミュニケーションが適切になされていなければ、マーケットギャップが生じても当事者間で解決策の対話の機会がもたれなかったり、そもそもギャップの発生自体に一方が気づかないまま問題が広がっているということもありえます。運営管理者がハード所有者へ相談する、ハード所有者から運営者へ条件提示をする等の適切なコミュニケーションは、長期的観点からホテルがその競争力を維持しうるシステムを有しているかという観点から重要なチェック項目なのです。

第5節　一般宴会・レストラン部門サービス改善策

　一般宴会、レストランの生産性を高める取組みを考える前に、宿泊部門とは異なる両部門の競争力をみるポイントを整理します。

　一般宴会部門については、過年度実績での特需の有無と内容、毎期安定的

なベース売上げの変動を整理します。ハードウェアに関しては宴会場の料理は搬入経路が1カ所だけだと会場を分割して使用する際に、奥の会場に料理を出せない状況となってしまいます。また、2つの会場が隣接していれば、会議後に親睦会等がある場合、スムーズに顧客を次の会場に誘導することができます。食事の進み具合をチェックするモニタリング設備の有無や、ポストコロナ時代においては、会場内の空気の流れや換気状況を可視化する設備があると、さらに競争力の根源となります。

　レストランでは、個人顧客の取込状況については、レストラン別の各種イベント開催時の顧客反応をヒアリングして判断材料とします。また過去のレストランカテゴリーの変化等、運営の取組内容の変化は、ホテルの外部環境に対する感度の高さを表しています。

　レストランの品質を測る基準の例として、当社が運営するサクラクオリティをご紹介します。品質認証制度「サクラクオリティ」では、2,234項目の品質基準に基づいてインスペクションを実施します。そこでは36シーンに分け調査結果を確認でき、たとえばレストラン単独であっても適用することが可能です。以下では、都内和食店のご協力のもと、心理的安心感の高い和食店とはどのようなものなのかを検討した結果を紹介します。

　まず、「安全性」に関する内容についてですが、食品衛生上さまざまな関係法令遵守のほか、運営面では、たとえば食材に肉や魚の両方を使用する場合等、衛生管理上まな板をはじめ調理器具、食器等を食材別、用途別に分けて使用するほか、それぞれしっかりと消毒（必要に応じて熱湯殺菌をする等）します。特に下ごしらえした肉や魚をねかせる場合には、他の食材と相互汚染を起こさないよう、十分に注意して行わなければなりません。もちろん従業員は手洗い・消毒を徹底するほか、魚を調理する前に手を冷やし、食材の鮮度をできるだけ落とさないよう心がけます。調理場は、室温や湿度が高いので、食材は出しっぱなしにしないなど、徹底した安全管理がなされていることが原則です。

（1）　清潔感基準

　店内が清潔であることはもちろん、調理人、ホールスタッフすべての身だしなみ、アピアランスへの気配りが感じられるほか、料理をテーブルに置く際の音や食器をもつ指先にまで配慮を徹底すること、おしぼりの臭いや箸袋にシミがないことを確認すること。

（2）　安心感基準

　どこで仕入れた食材なのかを明示し、ホールスタッフはお客様に対して産地や料理方法を正しく伝えられるよう準備しておきます。

（3）　快適性基準

　スタッフは接客中、笑顔を心がけます。最初のドリンクはお客様をお待たせさせないこと。照明は明るすぎず暗すぎず、BGMはかすかに聞こえる程度の、お客様の会話を邪魔しない居心地のよい環境をつくります。椅子は高齢者や女性でも片手で引ける軽めのものがよいでしょう。きめ細かな空調管理、季節感ある花や観葉植物などのコーディネートにより、食事を快適に楽しんでもらえる空間を提供します。

（4）　顧客配慮

　料理によって最大限おいしく感じる温度でサーブできるよう努めること。厨房では食器や調理器具を洗う際にはできるだけ音を立てないこと。テーブルに鍋を置くような場合には、その音や、指先の美しさにまで配慮すること。アラカルトを提供している場合、和食のメニュー書きは、メインの食材を引き立てる旬の食材とその調理法を、大まかな味付けを含めて記載し、提供時やオーダー時等ではより詳しい味付け内容等を一言伝えることを意識する等できるだけ正確な情報を提供すること。お箸に木や竹の素材臭が強い場合には、採用しない等の気配りをすることが望まれます。

　海外からのお客様に対して英語による意思疎通を行えるようにすること

は、多くのホテル・旅館に共通する課題です。メニューには、英語によるアレルゲンの注意書きもあるとよいでしょう。また、コロナ禍前には、中東や南アジア、アフリカなどからイスラム教徒の訪日旅行客も増えていました。イスラム教で食べてもよいとされるハラールフードの用意ができることは、宿泊施設にとっての大きなアピールポイントになりますし、少なくとも禁忌とされる食材が含まれているかどうかは答えられるようにしたいものです。

(5) 積極性×共感性

　複数のお客様が1つのテーブルについている場合には、個々のお腹の減り具合いによって4品目前後からペースにバラツキが出る傾向があります。バランスよく顧客全員のタイミングにあわせて料理提供を意識すること、また、遅すぎるペースのお客様にあわせるだけでは、他の人が途中で満腹感を覚えてしまうかもしれので、ご飯物等は早めに出すことも検討します。会話の流れでドリンクや料理提供のタイミングを変えたり、季節感を活かした「先付」とし、1杯目にビールを召し上がる顧客が多い店舗であれば、ビールと相性がよい料理を先に用意すべきでしょう。

　盛付では「奇数盛り」（※）が基本ですが、料理内容によっては、そのバランスが悪いと判断した場合、「原則」を気にしない大胆さも重要となります。お皿の色で盛る料理を決めることもあるし、料理が完成している場合には、お皿を後で決めることもあります。盛付皿の色合いと料理の色合いは反対色が料理を引き立てることがあるので丁寧に選択すること。また、ライブ感を演出できるカウンターを有する場合には、振る舞いに十分に気を使うこと。日本酒では料理に合う、選び抜かれたものを用意することが望まれます（懐石料理では異なる場合あり）。

※日本ではたとえばお造りなどを盛り付ける場合は、縁起のよい数字が奇数とされていることから、3種盛りや5種盛り、7種盛りが選ばれることが多いようです。

宴会場の魅力向上策

コロナ禍が終息した後も、利用客の感染症に対する心理的脅威は根強く残ることが予想されます。特に3年近く自粛されていた「宴会」が復活する際にも、「三密」になりやすく、しかも感染の危険が大きいとされる飲食を伴うだけに、安心して参加してもらえる環境を提供する必要があります。

たとえば、当社の調査によると、婚礼宴会、一般宴会とも、設備的に十分な換気設備があり、それを顧客にしっかりと伝えていくことができれば、集客上大きな効果が期待できます。具体的には、個々の宴会場の換気設備と収容人数設定のバランスについて、十分なレベルであることを伝えられれば、安全性を強くアピールできます。

また、宴会場に広い開口部があったり、開放されたテラスに出られる構造の場合、コロナ以前には感じられなかった新たな「価値」を発揮する可能性があります。

コロナ禍と
ホテル・旅館業界

1. 新型コロナウイルスの感染拡大と宿泊・旅行業界への影響

年月	新型コロナウイルスの感染状況	宿泊・旅行業界の状況
2020. 1	WHO、新型コロナウイルスを確認。 国内初の感染者確認。 WHO、「国際的な緊急事態」を宣言。	
2	大型クルーズ船ダイヤモンド・プリンセス号乗客の感染が確認。 安倍首相、小中高校に臨時休校を要請。	
3	「新型コロナウイルス感染症対策の基本的対処方針」閣議決定。 安倍晋三首相とIOCのバッハ会長が1年程度の五輪開催延期を合意。 新型コロナウイルス感染症対策本部を設置。	
4	東京、神奈川、埼玉、千葉、大阪、兵庫、福岡を対象に特別措置法に基づく緊急事態宣言を発出。 緊急事態宣言の対象区域が全国に拡大。 アベノマスク配布開始。 「新型コロナウイルス感染症緊急経済対策」が閣議決定。	
5	39県で緊急事態宣言解除。 全国で緊急事態宣言解除。	宿泊業界・旅行業界団体による感染拡大予防ガイドラインが作成・公表。
6		政府、都道府県またぐ移動の自粛要請を緩和。
7	国内の1日の感染者数が400人を超える。	Go Toトラベルが東京を除外して開始。
10	飲食店支援の「Go Toイート」が開始。	東京もGo Toトラベルの対象に。

	11		北海道と大阪府のGo Toトラベルからの一時的対象除外を決定。
	12		札幌市、大阪市、名古屋市、東京都対象の「Go Toトラベル」事業停止要請。 年末年始のGo Toトラベル事業の一時停止を発表→再開未定 外国人の新規入国を1月末まで停止。
2021.	1	東京、埼玉、千葉、神奈川の1都3県を対象に緊急事態宣言。 大阪、兵庫、愛知、岐阜、福岡、栃木にも緊急事態宣言。 死者5,000人を超える。 世界の感染者が1億人を超える。	Go Toトラベル全国停止が2月7日まで延長する旨発表。 日本旅行協会のアンケート、全国の旅館の55％が「休館かその予定」。
	2	栃木県の緊急事態宣言解除。 改正特措法施行。 医療従事者へのワクチン接種開始。	Go Toトラベルの停止措置を3月7日まで継続する旨発表。
	3	首都圏1都3県の緊急事態宣言解除。	Go Toトラベルの停止措置を3月8日以降も継続する旨発表。 国土交通省・観光庁、「地域観光事業支援」の実施を発表。
	4	大阪、兵庫、宮城に「まん延防止等重点措置」適用開始。 東京、京都、沖縄に「まん延防止等重点措置」適用。 神奈川・埼玉・千葉・愛知に「まん延防止等重点措置」適用。 東京 大阪 兵庫 京都に3回目の緊急事態宣言。 国内の死者1万人超える。	Go Toトラベル代替の都道府県独自支援に国が1泊最大7,000円分支援。 国土交通省・観光庁、「地域観光事業支援」への追加支援を発表。
	5	沖縄に緊急事態宣言。 9都道府県の緊急事態宣言、来月20日まで延長を決定。	JTBの2020年度決算、過去最大、1051億円の赤字。
	6	東京など緊急事態宣言解除、まん延防止等重点措置に移行。	

	7	北海道、愛知、京都、兵庫、福岡の「まん延防止等重点措置」解除。 東京に4回目の緊急事態宣言。 東京オリンピック、無観客で開会。	富士山2年ぶりに山開き。 全国の海水浴場の4割が開設せず（海上保安庁）。 6月の訪日外国人旅行者9,300人と記録的な低水準続く。
	8	埼玉、千葉、神奈川、大阪に緊急事態宣言。 北海道、石川、兵庫、京都、福岡に「まん延防止等重点措置」適用。 緊急事態宣言対象地域に北海道、宮城、岐阜、愛知、三重、滋賀、岡山、広島を追加。 まん延防止等重点措置を高知、佐賀、長崎、宮崎に適用。	8月の外国人旅行者、五輪・パラで去年の3倍増も記録的な低水準。
	9	19都道府県の緊急事態宣言と8県のまん延防止等重点措置をすべて解除。	
	10	東京大阪で飲食店への時短要請を解除。	全国知事会が「Go Toトラベル」早期再開を要望。 JR東海、2年連続で最終赤字の見通し。
	11	WHO、新変異ウイルス「オミクロン株」を懸念される変異株に指定。	観光庁、「ワクチン・検査パッケージ」の具体的ガイドラインを策定。 ビジネス目的入国者の待機期間が10日間から原則3日間に短縮。 オミクロン株対応で、全世界からの外国人の新規入国を原則停止。
	12		国土交通省、日本到着の国際線の月内新規予約停止を要請。
2022. 1		沖縄・山口・広島の3県に「まん延防止等重点措置」を適用。 「まん延防止等重点措置」の適用地域が16都県に拡大。 国内新規感染者が初の5万人超	JRの新幹線・特急の年末年始利用者、前年同期比2.5倍。 2021年の倒産件数55年ぶり低水準（帝国データバンク）。 2021年の外国人旅行者94%減。

	え。各県で過去最多を更新。 「まん延防止等重点措置」の適用、18道府県追加し34都道府県に。 東京都の新規感染者数、過去最多の1万2,813人。 東京都の新規感染者数、過去最多の1万7,631人。	2021年の航空会社の旅客需要、コロナ前の4割（国際航空運送協会調べ9 入国後の待機期間、10日間から7日間に短縮。
4		「ブロック割」開始。
5		「県民割」を6月末まで再延長。
6		岸田首相「県民割」対象地域の全国拡大を表明。
7		「県民割」8月31日まで延長、「全国旅行支援」延期。
8	8/19の全国感染者が過去最多の26万1,026人に。	
9		入国者に求めてきた陰性証明書の提出が条件付きで免除。
10		全国旅行支援スタート。 個人の外国人旅行客の入国解禁。

出典：「新型コロナタイムライン」（NHKウェブサイト）、「GoToトラベル・全国旅行支援・県民割・宿泊補助等の旅行割引情報まとめ」（旅行クーポンサイト）等をもとに筆者作成

２．観光関連産業活動指数の動向

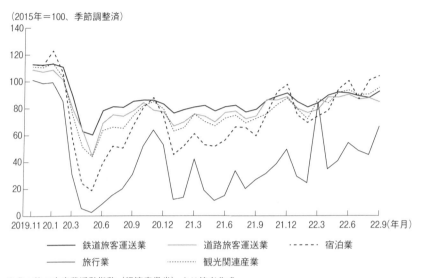

（2015年＝100、季節調整済）

出典：第３次産業活動指数（経済産業省）より筆者作成

3．宿泊事業に対する支援メニュー

【中小企業・小規模事業者に対する政府系金融機関等による融資・資本増強】
○無担保融資等
　■日本政策金融公庫および沖縄公庫による新型コロナウイルス感染症特別貸付
　　➤ 最近１カ月間等（注）の売上高が前３年のいずれかの年の同期と比較して
　　　５％以上減少した事業者等に対し、運転資金（15年以内）・設備資金（20年
　　　以内）を融資（融資後３年間まで▲0.9％の金利引下げ）
　　　（例）中小事業利下げ限度額：３億円、融資限度額：別枠６億円
　■商工中金による危機対応融資
　　➤ 最近１カ月間等の売上高が前３年のいずれかの年の同期と比較して５％以
　　　上減少した事業者等に対し、運転資金（15年以内）・設備資金（20年以内）
　　　を融資（融資後３年間まで▲0.9％の金利引下げ）（利下げ限度額：３億円、
　　　融資限度額：６億円）
　■日本政策金融公庫および沖縄公庫による新型コロナウイルス対策マル経融資
　　➤ 最近１カ月間等の売上高が前３年のいずれかの年の同期と比較して５％以
　　　上減少した商工会等の経営指導員による経営指導を受けた小規模事業者に
　　　対し、運転資金・設備資金を融資（融資後３年間まで▲0.9％の金利引下
　　　げ）（利下げ・融資限度額：別枠1,000万円）

　■特別利子補給制度
　　➤ 上記の融資により借入を行った中小企業者等のうち、特別貸付等借入申込
　　　時点の最近１カ月間等（注）、その翌月もしくはその翌々月の売上高が前３
　　　年のいずれかの年の同期と比較し、20％減少した中小企業者、15％減少し
　　　た小規模事業者等に対し、借入後３年間まで利子補給を行い、実質無利子
　　　化（補給対象上限額：３億円（中小事業、商工中金）、6,000万円（国民事
　　　業））
○日本政策金融公庫および沖縄公庫によるセーフティネット貸付の要件緩和
　　➤ 売上高の数値要件にかかわらず、今後の影響が見込まれる事業者も含め、
　　　設備資金（15年以内）、運転資金（８年以内）を融資
※生活衛生関係の事業者向け融資制度
　■日本政策金融公庫および沖縄公庫による生活衛生新型コロナウイルス感染症
　　特別貸付
　　➤ 最近１カ月間等の売上高が前３年のいずれかの年の同期と比較して５％以
　　　上減少した生活衛生関係の事業者等に対し、運転資金（15年以内）・設備資
　　　金（20年以内）を融資（融資後３年間まで▲0.9％の金利引下げ）（利下げ

限度額：6,000万円、融資限度額：別枠8,000万円）

■ **日本政策金融公庫および沖縄公庫による新型コロナウイルス対策衛経融資**
  ➢ 最近1カ月間等の売上高が前3年のいずれかの年の同期と比較して5％以上減少した生活衛生同業組合等の経営指導を受けた小規模事業者に対し、運転資金・設備資金を融資（融資後3年間まで▲0.9％の金利引下げ）（利下げ・融資限度額：別枠1,000万円）

■ **特別利子補給制度**
  ➢ 上記の融資により借入を行った中小企業者等のうち、特別貸付等借入申込時点の最近1カ月間等、その翌月もしくはその翌々月の売上高が前3年のいずれかの年の同期と比較し、20％減少した中小企業者、15％減少した小規模事業者等に対し、借入後3年間まで利子補給を行い、実質無利子化（補給対象上限額：6,000万円）

■ **日本政策金融公庫および沖縄公庫による衛生環境激変対策特別貸付**
  ➢ 旅館業、飲食店、喫茶店を営む方であって、最近の1カ月の売上高が前年または前々年の同期と比較して10％以上減少した事業者に対し、運転資金（7年以内）を融資（生活衛生同業組合の組合員は▲0.9％の金利引下げ）（融資限度額：別枠1,000万円（旅館業は別枠3,000万円））

○ **日本政策金融公庫等の既往債務の借換**
○ 新型コロナウイルス感染症特別貸付、危機対応融資等について、各機関ごとに既往債務の借換を可能とし、実質無利子化の対象に

○ **(独) 中小企業基盤整備機構による小規模企業共済制度の特例緊急経営安定貸付等**
  ➢ 最近の1カ月の売上高が前年または前々年の同期と比較して5％以上減少した小規模企業共済の契約者に対し、以下の措置を実施
    ・特例緊急経営安定貸付：事業資金を無利子で貸付（貸付限度額：2,000万円（契約者が納付した掛金の総額の7〜9割の範囲内））（償還期間：貸付金額が500万円以下の場合は4年、505万円以上の場合は6年）
    ・共済契約者貸付利用者の延滞利子の免除：2020年4月7日時点で契約者貸付を受けている者の延滞利子を約定償還期日から1年間免除
    ・掛金の納付期限の延長等：掛金の納付期限の延長（最大6カ月）または掛金月額減額（1,000円〜70,000円の範囲内）

○ **日本政策金融公庫等による中小企業向け資本性資金供給・資本増強支援事業**
  ➢ キャッシュフローが不足するスタートアップ企業や一時的に財務状況が悪化し企業再建に取り組む持続可能な事業者に対し、民間金融機関が自己資本とみなすことができる資本性劣後ローン（5年1カ月・10年・20年）を供給

【中小企業・小規模事業者に対する民間金融機関による融資等】

○セーフティネット保証（4号・5号）（保証限度額：4号・5号合わせて2.8億円）

> ➤ 4号【地域】：全都道府県について、一般枠（2.8億円）とは別枠で借入債務の100％を保証

> ➤ 5号【業種】：全業種について、一般枠（2.8億円）とは別枠で借入債務の80％を保証

○危機関連保証

> ➤ セーフティネット保証4号・5号に加え、売上高が前年同月比15％以上減少した中小企業・小規模事業者に対し、借入債務の100％を保証（保証限度額：2.8億円）

○伴走支援型特別保障制度

> ➤ 一定の要件（売上減少▲15％以上等）を満たした中小企業者等が、金融機関による継続的な伴走支援を受けること等を条件に、信用保証料の事業者負担を大幅に引き下げ（保証限度額：4,000万円、保証料率：0.2％）

○経営改善サポート保証（感染症対応型）

> ➤ 早期の事業再生を後押しするため、経営サポート会議等の支援により作成した再生計画等に基づき、中小企業者が事業再生を実行するために必要な資金の借入を保証する「経営改善サポート保証制度」について、据置期間を最大5年に緩和したうえで、信用保証料の事業者負担を引き下げ（保証限度額：2億8,000万円、保証料率：0.2％）

【中堅企業・大企業に対する政府系金融機関による融資・資本増強】

○DBJおよび商工中金による資金繰り支援（危機対応融資・資本性劣後ローン）

> ➤ 危機対応融資

> ・最近1カ月間等の売上高が前3年のいずれかの年の同期に比し5％以上減少している等の事業者に対し、通常金利（中堅企業は当初3年間1.0％の利下げ）で運転資金（15年以内）・設備資金（20年以内）を融資（融資額：危機対応融資の定める範囲で、資金ニーズ等をふまえて決定）

> ・将来成長の可能性が十分にある地域経済にとって重要な事業者等に対し、民間金融機関が自己資本とみなすことができる資本性劣後ローンを供給

【その他】

○新型コロナ特例リスケジュール

> ➤ 中小企業者に代わり一括して既存債務の元金返済猶予要請、中小企業者と主要債権者が作成する資金繰り計画の策定支援等を実施

○金融機関等への配慮要請

> ➤ 政府系金融機関等に対して事業者の資金繰りに重大な支障が生じることがな

いよう要請するとともに、民間金融機関に対して事業者への積極的な支援（丁寧な経営相談、経営の継続に必要な資金の供給等）を実施するよう要請

○**緊急事態宣言の再発令に伴う中小事業者に対する支援（一時金）**
- 対象：緊急事態宣言に伴う飲食店の時短営業や不要不急の外出・移動の自粛により影響を受け、売上が減少した中堅・中小事業者
- 要件：緊急事態宣言の再発令に伴い、①緊急事態宣言発令地域等の飲食店と直接・間接の取引があること、（農業者・漁業者、飲食料品・割り箸・おしぼりなど飲食業に提供される財・サービスの供給者を想定）または、②緊急事態宣言発令地域等における不要不急の外出・移動の自粛による直接的な影響を受けたこと（旅館、土産物屋、観光施設、タクシー事業者等の人流減少の影響を受けた者を想定）により、2021年1月または2月の売上高が対前年比（または対前々年比）▲50％以上減少していること
- 支給額：法人は60万円以内、個人事業者等は30万円以内

○**雇用調整助成金の特例**（非正規も対象）
- 経済上の理由により事業活動の縮小を余儀なくされた事業主が、一時的に休業、教育訓練または出向を行い、労働者の雇用維持を図った場合に、休業手当等の一部を助成
  - ・助成率：4/5（中小企業）、2/3（大企業※）
    　　　　　　　　解雇等を行わない場合は、10/10（中小企業）、3/4（大企業※）
  - ・支給上限額：対象労働者1人1日当たり15,000円
  - ・支給限度日数：1年間で100日。ただし、緊急対応期間は、年間支給限度日数とは別に雇用調整助成金を利用可能
  - ・上記に加え、短時間一斉休業の要件緩和、残業相殺の停止、申請書類・手続きの簡素化、オンライン申請の受付等も実施

○**新型コロナウイルス感染症対応休業支援金・給付金**
- 新型コロナウイルス感染症の影響により休業させられ、休業手当の支払いを受けることができなかった労働者に対して支給。
  - ・対象者：新型コロナウイルス感染症およびそのまん延のための措置の影響により、
  - ⑴ 2020年4月1日から緊急事態宣言が全国で解除された月の翌月末までに事業主が休業させた中小企業の労働者
  - ⑵ 2020年4月1日から6月30日までおよび2021年1月8日以降（2020年11月7日以降に時短要請を発令した都道府県はそれぞれの要請の始期以降）に事業主が休業させた大企業のシフト制等の労働者のうち、休業期間中の賃金（休業手当）の支払いを受けることができなかった労働者。
  - ・支給額：休業前賃金の80％（日額上限11,000円）

○**納税の猶予の特例**
- 2020年2月以降、売上が前年同月比概ね20％以上減少したすべての事業者に

対し、無担保かつ延滞税無しで1年間納税を猶予（法人税や消費税、固定資産税など、基本的にすべての税が対象）

○**欠損金の繰戻し還付**
➤中堅企業、中小企業・小規模事業者に対し、前年度黒字で今年度赤字の場合、前年度納付した法人税の一部を還付新型コロナウイルス感染症の影響により損失が発生した事業者に対し、災害損失欠損金の繰戻しによる法人税額を還付

○**固定資産税・都市計画税の減免**
➤中小企業・小規模事業者等に対し、これらの保有する事業用家屋および設備等の2021年度の固定資産税・都市計画税を、事業収入の減少幅に応じて、全額免除または1/2軽減

○**厚生年金保険料等および労働保険料等の納付猶予**
➤厚生年金保険料等および労働保険料等の納付が困難なときは、猶予制度を受けられる場合あり

○**国民健康保険・介護保険等の保険料（税）の減免**
➤国民健康保険料や介護保険料等について、特別な理由があるものについては、各自治体の条例等で定めるところにより、保険料（税）の減免や徴収猶予が認められる場合あり

○**国民年金保険料の免除**
➤国民年金保険料を一時的に納付することが困難なとき、免除が適用される場合あり

○**取引先の賃料を免除した場合の損失の税務上の取扱いの明確化**
➤不動産を賃貸する所有者等が賃料を減免した場合、災害時と同様にその免除による損失の額は、寄付金の額に該当せず、税務上の損金として計上することができることを明確化

○**簡易課税制度の適用に関する特例**
➤新型コロナウイルス感染症の影響による被害を受けたことにより、簡易課税制度の適用を受ける（またはやめる）必要が生じた場合、税務署長の承認を受けることにより、その被害を受けた課税期間から、簡易課税制度の適用を受ける（またはやめる）ことが可能

○**消費税の課税事業者を選択する（やめる）届出等の特例**
➤新型コロナウイルス感染症等の影響により、2020年2月1日から2021年1月31日までの間の任意の1カ月以上の期間の事業収入が著しく減少（前年同月比おおむね50%以上）している事業者は、税務署長の承認を受けることで、特定課税期間以後の課税期間について、課税期間の開始後であっても、課税事業者を選択する（またはやめる）ことが可能

○**ものづくり・商業・サービス生産性向上促進補助金**
➤新製品・サービス・生産プロセスの改善に必要な設備投資等を支援

- ・通常枠：補助上限：1,000万円、補助率：1／2（中小企業）、2／3（小規模）
- ・新特別枠：補助上限：1,000万円、補助率：2／3

○**持続化補助金**
- ➤小規模事業者が経営計画を作成して取り組む販路開拓等の取組を支援
  - ・通常枠：補助上限：50万円、補助率：2／3
  - ・新特別枠：補助上限：100万円、補助率：3／4

○**ＩＴ導入補助金**
- ➤ITツール導入による業務効率化等を支援
  - ・通常枠：補助額：30〜450万円、補助率：1／2
  - ・新特別枠：補助額：30〜450万円、補助率：2／3

○**事業再構築補助金**
- ➤新分野展開や業態転換等の事業再構築に取り組む場合、最大8,000万円を補助

○**中小企業経営強化税制の拡充**
- ➤新型コロナの拡大により顕在化した社会的課題に対応する非対面・非接触ビジネスを促進するため、中小企業経営強化税制に新たな類型が追加
- ➤事業プロセスの①遠隔操作、②可視化、③自動制御化を可能とする設備投資に対し、即時償却または10％の税額控除（資本金3,000万円超１億円以下の法人は７％）の税額控除が可能（※本特例の適用には、経営力向上計画の認定を受ける必要）

○**中小企業等事業再構築促進事業**
- ➤申請前の直近６カ月間のうち、任意の３カ月の合計売上高が、コロナ以前の同３か月の合計売上高と比較して10％以上減少している中小企業等の、新分野展開や業態転換、事業・業種転換の取組等を支援

【観光需要喚起策による宿泊事業支援】
○**地域一体となった面的な観光地再生・高付加価値化事業支援**
- ➤〈地域計画の作成支援〉中長期的な観光地の再生・高付加価値化プラン（地域計画）の作成に向け、専門家派遣等による伴走支援、
- ➤〈地域計画に基づく事業支援〉観光地の宿泊施設の大規模改修、景観改善等に資する廃屋撤去支援等に最大１億円補助

○**環境に配慮した持続可能な周遊観光促進事業**
- ➤感染対策・環境対策に配慮した旅行の促進、②宿泊施設・観光施設等における感染対策・省エネ対策の促進、③地域が連携して実施する誘客・周遊を促すための仕掛けづくり、④地域の魅力発信の強化や周遊の促進に向けた研修
  - ➤最大2,000万円、補助率1／2等

○**Go To イート事業※**
- ➤地域で登録されている飲食店で使えるプレミアム付食事券を、都道府県単位

の事業者が域内で販売
- ➤ プレミアム率は都道府県により25％または20％
- ※感染状況を踏まえ、一部地域で一時利用停止中

○**地域観光事業支援**

○居住地と同一県内の旅行や、隣接都道府県または地域ブロック内の都道府県からの旅行者による県内旅行について1人当たり5000円、商品代金の50％支援

○**全国旅行支援**

- ➤ ワクチン3回接種又は陰性の検査結果を利用条件として、旅行・宿泊商品の割引等を実施
- ➤ 旅行商品割引率：40％、割引上限額：1泊当たり8,000円（交通・宿泊商品以外の場合は3,000円）
- ➤ クーポン券：3,000円（休日の場合は1,000円））

○**Go To トラベル事業※**

- ➤ ワクチン3回接種または陰性の検査結果を利用条件として、旅行・宿泊商品の割引等を実施
- ➤ 割引率：旅行商品30％、割引上限額10,000円（交通・宿泊付商品以外は7,000円
- ➤ クーポン券：3,000円（休日の場合は1,000円）
- ※一時利用停止中

出典：「新型コロナウイルス感染症に伴う各種支援のご案内」（内閣官房ウェブサイト）、「新型コロナウイルス感染症関連情報」（観光庁・国土交通省ウェブサイト）をもとに筆者作成

常態化した
宿泊施設の感染症対策

1．ウィズ・ウイルスがニューノーマルに

(1) 感染拡大終息後も除菌・消毒の継続が必須

　当社は、第1回緊急事態宣言（2020年4月7日〜5月25日）の最終局面で、今後の宿泊施設に対するニーズ調査（全国200名対象・インターネットアンケート形式）を実施しました。その結果、ビジネスホテル、シティホテル、リゾートホテル（旅館を含む）いずれのカテゴリーにおいても、防疫体制の充実を求める声が上位を占めました。具体的には「人がよく触れる箇所（リモコン、デスク上、空調パネル、ドアノブ等）の除菌・消毒拭き上げ作業の丁寧さ」が求められ、客室外においても、館内換気の状態、ならびにフロントのカウンターやエレベーターボタンなど、接触感染リスクが高そうな場所の除菌・消毒が定期的になされているかが注目されているのです。

　ようやく戻ってきた宿泊客の信頼を獲得し、ビフォーコロナの賑わいを取り戻すためには、これまで宿泊施設が実施してきた、エントランスや各フロアエレベータホールへの消毒薬の設置、客室で宿泊客が高頻度で接触する可能性のある箇所、備品の除菌、レストランをはじめ館内設備内のテーブル、椅子、カウンター等の除菌・消毒等の継続が必要です。

(2) 地域の信頼確保のために対策を「見える化」

　そして、感染防止対策を継続するだけでなく、その取組みを「見える化」、積極的にアピールしていくことがウィズ・コロナにおける宿泊施設の運営戦略の1つの柱となります。宿泊施設は観光の地域に対するゲートウェイです。これら取組みは、地域からの信頼を得るためにもいっそう重要となるでしょう。

　たとえば、レストランにおけるテーブルの消毒は、「作業」としての消毒ではなく、「丁寧でキビキビと手慣れていて」かつ「正しい消毒」を実践しているスタッフの姿がみられるような場合、その姿は顧客の心にも残るでしょう。

⑶　接触感染リスクへの対応

　ここであらためて客室やレストンランなど、接触感染リスクが高い箇所について適切な清掃方法を確認しておきます。

　当社では、宿泊施設内のさまざまな部位に対し、アデノシン三リン酸検出調査（ATP検査）を実施し、接触感染の可能性を計量化しています。ATPとは、すべての植物、動物および微生物の細胞内に存在するエネルギー分子であり、「エネルギー通貨」とも呼ばれる化合物です。その数値が高いということは、ウイルスを含めて常在菌等が存する等の危険があるということを意味します。10cm四方にATP数が1,000を超えると「危険」とみなされます（図表A 2 - 1）。

　これらATP数を減少させるコツは、定期的に（1、2週間隔等）界面活性剤で汚れを除去しつつ、日々の消毒を適切な濃度のエタノール等で実施することです。当社感染症対策委員会による宿泊施設の対策支援実施を通じて明らかになったのは、汚れが残っていると、エタノールがすべての汚れ、常在菌、ウイルス等に付着する結果、十分な効果が見込めないということでした。定期的な界面活性剤により、しっかりと汚れをとっておく必要があるのです。エタノール濃度はボリューム％で70％以上の、成分表に記載されている重量％でおおむね63％以上の濃度を確認する必要があります。

　ちなみに、次亜塩素酸水についても、メーカーによる注意事項を遵守することで使用可能です。また、界面活性剤でも、それぞれ図表A 2 - 2にまとめた濃度以上の場合に効果があるとされています。

⑷　換気、人と人の距離の確保

　感染拡大防止のための、ハード面での対応としてはまず、空調換気で使用されているエアフィルターの確認および見直しや、抗菌コーティング、HEPAフィルター付空気清浄機の設置や非接触型サービスデバイスの導入等が求められます。新規ホテルの開発ではゼロベースでの感染症対策の構築が可能ですので、再度の感染症拡大脅威に備えて、図表A 2 - 3にあげたハー

図表Ａ2－1　宿泊施設のATP（アデノシン三リン酸）検出調査結果

リスク順位	検出箇所	平均値 単位：RLU
1位	共用トイレの蛇口（自動ではない）	26,663
2位	レストラン呼び出しベルボタン	11,020
3位	ビニール手袋内の手	16,854
4位	ビジネスセンターテーブル	15,652
5位	レストランテーブル	2,030
6位	客室内ベッドサイドテーブル	2,286
7位	レストラン椅子	9,124
8位	フロントパネル前	11,931
9位	客室ライティングデスク上	776
10位	客室内テレビリモコン	385
11位	フロントマット	9,025
12位	喫煙所自動扉ボタン/扉取っ手	7,776
13位	客室内設置ハンガー	5,305
14位	客室内案内ラミネート等	3,280
15位	レストランメニュー	3,769
16位	客室内電話機	549
17位	客室ドアノブ	4,280
18位	喫煙所カーテン	3,222
19位	レストラン、皿	14,241
20位	客室トイレ内のベーシン	14,305
21位	客室ヘッドボード	14,009
22位	ラウンジテーブル	1,907
23位	コーヒーマシンのボタン	1,855
24位	バックヤードドアノブ（外側）	1,539
25位	フロントパネル	1,486

26位	ロビーのソファー座面	1,395
27位	ＥＶホールボタン	1,352
28位	フロントパネルタッチパネルペン	1,305
29位	共用トイレベーシン	1,165
30位	チェックインキオスク	1,039
31位	エスカレーター手摺	804
32位	レストラン、お箸	801
33位	客室トイレ内設置コップ	2,926
34位	客室内ポット内部	23,902
35位	客室内設置コップ	4,115

注1：RLU目安：0～500（おおむね安全）、501～1,000（注意を要する）、1,000以上（十分な注意が必要）。

注2：キッコーマンバイオケミファ製「ATPふき取り検査(A3法)」を使用。

ドウェア対応の検討が必要と考えられます。

図表Ａ２－２　換気、人と人との距離確保のためのハード面の対応

▽エントランスでは、できれば入り口用ドアと出口用ドアを分けて人流の交錯を防ぐ。

▽入館用ドアは、できるだけ接触しないよう自動ドア導入する。

▽ロビーの規模に関しては、１人当りの換気量（ビル管理法上の設計基準では１人当り30㎥/時間）を設備水準とのバランスをとりながらできるだけ引き上げる。

▽ロビーの椅子や全館通じて採用する家具類は、消毒耐性の強い素材に切り替える。

▽チェックインやチェックアウト時にフロント前が混雑しないよう、十分なカウンター数を設置するか、自動チェックイン機を導入する。

▽顧客の一時的な隔離が必要となる場合に備え、客室以外での隔離スペースを選定しておく。

▽フロントカウンターでは、グループ同士が横並びになっても十分距離を確保できるよう配慮する。

▽フロントやロビーからバックヤードへの移動の際には、上着を脱ぐ等中間スペースを配置する。

▽客室内のダイレクトリーはブック素材ではないデバイスやテレビ等で表示する。

▽客室内の機能性備品は、できるだけ非接触型や消毒しやすい素材とする。

▽テレビのリモコンは、消毒がしやすい形態や素材とする。

▽客室内のカーテンは、自動カーテンとするか、消毒がしやすいようにバーでの操作ができるようにしておく。

▽バスルーム内のベーシンは水が飛び散らないものを丁寧に選定すること。

▽バスルーム内のトイレでは高い換気力とする。

▽朝食会場については、感染症が生じた際に備え、席配置として１人当りの店内面積３㎡程度を想定した場合の席配置レイアウトとその際の収容人数と宿泊収容人数とのバランスを確認し、必要な店舗規模を検討する。

▽レストランではできるだけ横並びの席配置を避けるようレイアウトを検討しておく。または、横並びの配置であっても、席同士が十分な距離を確保する。

▽エレベーターボタンや階段手摺、客室ドアノブ等人が接触するような部位は、エタノール消毒に対する耐性の高い素材を検討する。

▽エレベーターの運搬力（規模等）は、人同士が１ｍ以上離れて搭乗せざるをえなくなった場合の運搬力をシミュレーションしておく。

▽厨房の扉はすべて自動ドアとする。

▽バックヤードでは高いレベルの換気力を確保するほか、密を避けた席配置を前提とした規模とする。

▽更衣室においても高いレベルの換気力を確保しておく。

▽スタッフ用食堂でクラスターが生じないよう、密を避ける規模と換気力を確保しておく。

▽客室通路幅については、顧客がすれ違っても双方が触れず、一定のスペースを確保できるような客室通路幅を検討する。

▽レストランや宴会場受付場所では、上着や鞄を預かるクローク設置を検討する。

▽共用トイレは、排水する際に大きなエアロゾルを生じさせないものを検討するほか、高い喚起力を有する設備を検討する。

▽男性用トイレでは小便器間の間隔を十分にとるほか、小便器間にパーテーションを設置する。

▽宴会場の天井高は、1名当りの換気量を勘案し、換気設備水準とのバランスを確認しつつ（30㎡/人/時間以上、できるだけ高い水準）、できるだけ高いレベルとする。また、テレビ会議とのハイブリッド型カンファレンス開催ができる設備を検討する。

▽宴会場テーブルについては、密回避となる収容人数を前提とした場合の席数を想定しておく。

▽宴会場でも窓が設置できないか検討する。

▽ホワイエの外でも外気取込みが可能なテラス付きを検討すること。

▽宴会場の入り口は密を避けるため複数設置できないか検討すること。

▽宴会場の入場は、グループに分けられるよう小規模個室を収容人数規模に応じて十分な配置を検討すること。

２．感染症対策の３ポイント

　今後も感染症対策に対する顧客ニーズが強く見込まれます。ポイントは大きく３つにまとめられます。第一に館内の感染症リスク評価をいまのうちに行っておくこと。第二に環境の感染症リスクレベルに応じた対策案を実施できるよう準備しておくこと。そして第三に、感染症によるパンデミック等特殊災害に関し十分な知識を有する人材を確保する、あるいは知識を有する組織との連携を確保することです。これらの取組みは、感染から施設を守るための「対策」を、利用者や地域の人々に施設の安全を訴求する「戦略」に昇華することにつながります。同時に、安全安心に関する従業員の意識と組織の変革ももたらしてくれるはずです。

(1)　館内感染症リスク評価

　感染経路別に施設内のリスク評価を行い、効果的な感染症拡大防止対策を構築することを目的とします。感染経路では、飛沫感染、接触感染、エアロゾル感染、糞口感染があげられます。飛沫感染では、密を避けることができる環境か否か、マスクをとる環境か否か、大声を出す環境か否か、移動を伴い気が緩む環境か否か等を館内各所ごとに検討し評価します。

　このうち接触感染では、さまざまな部位に対する接触頻度を検討し評価します。エアロゾル感染では、空間別に換気レベルを確認すること（窓開閉が可能か、湿度管理が可能か、換気量はいかほどか、毎時１人当りの換気量㎥、外気の取込み比率等）を評価します。

(2)　感染症リスクレベルに応じた対策

　感染症リスクについて設定したリスクレベルの状況を不断に確認のうえ、各レベルで求められる感染症拡大防止対策を実施していきます。たとえば６段階のリスクレベルに応じて、どのような事前準備が求められるのか、また、どのようなオペレーションに変更が必要であり、感染症拡大防止対策としてどこまで実施するのかを規定しておくと、レベルが突然引き上げられる

事態になっても慌てずに対応することができます。

　たとえば弊会が提供している「サクラクオリティ安全行動基準（新型コロナウイルス感染症拡大防止用ガイドライン）、第43版、https://www.sakuraquality.com/」では「今後も中長期的に継続すべき対策」を「レベル0」、「国内で感染者が生じた場合に実施すべき対策」を「レベル1」、「感染数が拡大している状況で実施すべき対策」を「レベル2」、「高度な安心感につながる対策」を「レベル3」と4段階の感染症拡大防止対策例を例示し、宿泊施設に無償提供しています。図表A2−3ではこのうち「レベル0〜レベル3」で必要な取組みを紹介します。

図表A2−3　今後も継続すべき感染症対策

【レベル0】
▽国内で感染がみられず危険なウイルス感染症が終息している状況においても、清潔安心できる空間提供を行うことは重要であり、エントランス等での消毒薬の設置、レストラン等テーブルの消毒、客室内接触部位の消毒は継続することが望まれる。 ▽ソーシャルディンスタンス最低1m以上、接触機会を減らす、手洗い手指消毒の励行、スタッフ等の日常健康管理の徹底、電子決済の導入等接触機会の削減等を実施する。
【レベル1】
▽換気設備は、宴会場や料飲施設を含め、建築物衛生法を遵守し運用されている建築物であること、または、必要換気量1人当り毎時30㎥相当以上の空間が提供されていること。換気機能のない冷暖房設備しか設置されていない場合には、30分にごとに1回、数分間窓を全開にすること、その結果居室の温度及び相対湿度を17℃以上28℃以下及び40％以上70％以下に維持できない場合にはドアを開ける、不使用客室の窓を間接的に開ける二段階換気等、連続的に室内に空気を通す工夫をすること。 ▽スタッフは、37.5℃以上の発熱、咳、下痢、味覚障害、だるさ、息苦しさ等の症状がある際、過去2週間以内に入国制限、入国後の観察が必要とされている国・地域への訪問歴および当該在住者との濃厚接触がある場合、同居家族や身近な知人の感染が疑われる場合等は、自宅待機とすること。 ▽関係者の緊急連絡先や勤務状況について名簿を作成し保管すること。 ▽ゴミ処理では、スタッフはマスク、手袋を着用すること。

▽全館通じて、ドアの内側にはバッゲージラック等とセットで消毒薬を設置すること。

▽消毒作業では、適切な濃度の消毒用薬剤を使用し、消毒効果が低下する可能性があるほか、汚れのなかにウイルスが残っている可能性もあるため、汚れを取った後に、ウイルス等の拡散を防ぐため、可能であれば拭き上げ終点を1カ所に集中させるような1方向で拭き上げること（ウイルスを拡散させる可能性もあり、往復拭きは行わない。）。なお、消毒作業中は2方向換気が望ましい。

▽顧客の着用済みマスクについては、客室のマスク廃棄用ビニール袋等を使用し、館内の他の場所での廃棄は控えてもらう。

▽マスクの交換は、しっかりと手洗いをした後とする。

▽ゴムアレルギーの場合は、白手袋をし、その上からビニール製手袋を着用する。

▽ビニールパーテーションやアクリル板等を設置する場合、素材が防炎であるかを確認すること。ビニールパーテーションについては、場合によっては不燃透明ビニールを使用しなければならないほか、天井の端から端まで設置するような場合には、火災関連設備が機能しないこともあるため十分に注意すること。アクリル板以外にも、ポリカーボネート板の使用も検討する。

▽2歳未満の小児には窒息リスクがあるため着用させないこととし、5歳未満の小児についても強制せず任意とすること。なお夏季には、熱中症対策との両立が求められる。スタッフ、顧客を問わず、他者と少なくとも2.0m以上等、十分な距離をとった状況で、マスクを一時的に適宜外し、水分および塩分を補給するよう推奨する。

【レベル2】

▽いつ定期的な消毒を行ったかの記録は、罹患者発生時に濃厚接触者の確認をするうえで重要な情報源となることから、正確な時間を記録しておく。

▽感染症拡大防止対策には顧客の協力も必須条件となることから、顧客自身が自由に消毒できるような環境を整える。

▽高齢者および基礎疾患がある顧客に対する客室その他施設内利用の個別配慮を事前整備しておく。

▽換気量として1人当り毎時100㎥以上が確保されているか、ルームエアコン、業務用パッケージ型空調機、ファンコイルユニット（FCU）に中性能フィルターあるいはHEPAフィルターが備えられていない場合には、換気と併用した対策を実施していること（空気調和・衛生工学会、2020年6月15日）。

▽汚れた客室内リネン類等（スタッフの作業着を含む）の回収後は、担当者以外の者が汚染部位に触れないようにすること。体液で汚れたリネン類等は80℃以上の熱湯に10分以上つけるまたは濃度0.1%次亜塩素酸ソーダに約30分

間浸けて消毒等を行ったのち、適切にリネン業者等への依頼、確認を行うこと。

【レベル3】

▽レベル3の取り組みの大前提として、「Stay with your community」という暮らし方に移行するうえで、経済活動との両立を考える。

▽顧客の荷物を預かる場合等では、接触の前後ですみやかに手指の消毒を行う。

▽いわゆる「ゾーニング」は、罹患者発生時等緊急時対応上だけでなく、平時の施設運営上においても重要概念として意識しておく。たとえば、汚染度が高くなりがちなエントランス付近を「レッドゾーン」、フロントカウンター(帳場)、共用部トイレ、エレベーターホール、エレベーター内等を「イエローゾーン」、顧客が利用する施設や厨房、スタッフ用バックヤード等を「グリーンゾーン」ととらえる。ゾーニングでは、汚物等の動線確認のほか、各ゾーンとも常時徹底して換気できていることを確認する。

　また、物理的ゾーニングだけではなく、時間的ゾーニングにより、入場制限等を織り交ぜて適切に管理する。「レッドゾーン」では対象面積をできるだけ小規模として管理すること、床を含めた除菌消毒を徹底する他、スタッフの安全管理を徹底することが望まれる。「イエローゾーン」は、本来的に「レッドゾーン」で作業後、「グリーンゾーン」に戻る際に防護服を脱衣し処分するスペースである。なお、「レッドゾーン」へ入る際は、「イエローゾーン」ではなく、「グリーゾーン」で防護服等を着衣する。ここでは密を避け、接触部位に対する消毒を徹底する、

　また、顧客がこまめな消毒や手洗いをできるよう配慮する、なお、共用トイレでは、唾液に含まれるウイルスが胃酸で失活しきれなかった場合には便で排泄されることから、これが飛散しないよう、便座カバーを閉じてから水を流すよう指針を示す(それに併せておしり自動洗浄機能はオフにしておく。館内トイレ全般について、センサー式蛇口が望ましく、レバー式蛇口の場合は、接触部位の消毒を行う)。エレベーターでは、籠内部の換気の徹底やその強化に取り組む。また、フロント背後、レストランホール背後、宴会場背後等において、使い捨て手袋を廃棄する場所、手指の消毒を行う場所等としてイエローゾーンの配置が望ましい。「グリーンゾーン」では、換気を徹底するほか、顧客の上着、鞄、靴を持ち込まない工夫を行う。

▽自社で消毒を行う場合は、スタッフの安全確保上、長袖・長ズボン・メガネ・マスク・ゴム手袋その他エプロン等の着用が望ましく、手袋を外す際は、消毒後に手首部分を持って裏返して廃棄する。

▽団体客を受け付ける場合、来館時まで14日間の検温および宿泊期間中は徹底した感染症対策を講じてもらうよう要請する。

▽施設内のチラシ類等について、自由に顧客が取れる状態で設置しない。

▽出入口が複数ある場合には、動線が交錯しないよう出口と入口を分ける。

▽マスクを着用していない顧客に対しては、マスクを提供する。

▽チェックインにおいては、非接触型デバイスの活用等、できるだけ接触を避ける運営に努める。

▽宿泊客以外の入館者（食材の納入業者、リネンサプライ、マッサージ師、イベントコンパニオン等）に対しても検温を含めた体調確認、消毒、マスク着用等を徹底する。

▽チェックインにおいては、プライベートチェックインを導入する等、三密回避を工夫することが望ましい。

▽靴底に付着したウイルスが館外から持ち込まれることを防ぐ。例えば、エントランスで靴の裏面を粘着マットや消毒マットで可能な限り消毒し、できれば靴を脱いで施設内へ誘導するのが望ましい。その場合、靴を収納する袋を提供する。また、顧客の入館時には上着等を収納するビニール袋を提供することが望ましい。

▽フロント備え付けのボールペンは、顧客が使用するつど消毒する。もしくは、客室用ペンはつど持ち帰ってもらう。

▽フロントカウンター上は、顧客が使用したつど消毒を行う。セルフチェックイン機を使用している場合には、利用客が接触するたびに消毒を行う。

▽フロントカウンター前で顧客が横並びとなる場合、顧客間に等身大サイズのアクリル板を設置するか、客室等でのプライベートチェックインを実施する。

▽顧客が入館、外出する際に時間記録を行う等、その他データ管理を徹底すること（外出頻度の把握をすることで保健所等が罹患先の時間等を特定できるため。）。

▽フロントカウンターの周辺が密にならないようスタッフを配置しコントロールすること。

▽顧客に対して、施設利用の数日後に再度、症状がないかの確認を行うこと（その場合は事前にその旨を正確に伝えること）。

▽感染の恐れがある顧客が生じた際に備えて、他の顧客と動線を区分けできる客室を1室以上確保し、準備しておく。

▽前の顧客使用時から一定期間（2日間程度）空室状態とした後に顧客へ提供することが感染の「終息」までの間は望ましい。

▽グループ等の場合、グループ内で顧客が他の客室内へ入室することがないようにする。

△床については、スチームクリーナー等で熱消毒等を行うことが望ましい。ただし、共用スペースで使用しているスチームクリーナーは客室に使用することなく使い分ける。

▽トイレでは、トイレ用スリッパを設置するか、トイレの床について専用のスチームクリーナー等で熱消毒等を行うことが望ましい。

▽床掃除は、大きな汚れ等がない場合は、ほうきと塵取り等を使用するのが望ましい。

▽客室では、新型コロナウイルス汚染度に応じた区分けをすることも有用である。ドア周辺を「レッドゾーン」、バスルームを「イエローゾーン」、ベッドルームを「グリーンゾーン」とし、「グリーンゾーン」では、客室ドア付近のクローゼットを使用する等で上着、鞄を持ち込まない、靴も即座にスリッパに履き替えるよう顧客に説明する。建物の玄関で脱靴する旅館などでは、入館後施設内用スリッパを使用し、客室内では玄関スペースでスリッパを脱げるようにする。旅館等での施設内用スリッパが使い捨てタイプではない場合は、スリッパが使用されるたびに、裏面を含め消毒する。その場合、薬剤の特性に応じて乾拭き等を行うほか、予備を準備しておき使用のつど、消毒済みスリッパに取り換えるのが望ましい。「イエローゾーン」では顧客がこまめな消毒や手洗いをできるよう配慮する。清掃に当たっては「レッドゾーン」の消毒を徹底する工夫や対策を検討する。

▽カーテンが布地の場合は、顧客が触らなくてもよいように、自動カーテン設備とする、あるいはバーでの開閉が可能なものとする等、工夫し、直接生地に触れる可能性を排除すること（その場合は、自動カーテンのパネルやバーを消毒する）

▽清掃前に十分に換気を行うこと（感染者使用客室は24時間以上、通常時は1時間以上を目安とする）。その際、空間に入ってくる空気の量と出ていく空気の量が同じ場合、空気の入口が小さいほうが勢いよく流れるという性質がある。このため、空気の入口を小さく、出口を大きく開けることで、部屋の空気が攪拌され、室内のより広い範囲を換気することができる。窓が1つしかない場合は、扇風機等を使用する。対角線上に空気の流れを作り2方向換気を定期的に行う他、換気設備がある場合常時運転を行うこと。

▽ホテルでベッドを使用している場合、ベッドサイドにイブニングサービスで提供されるようなベッドサイドマットを敷いておくこと（顧客が素足で床に触れる頻度が少なくなる）。

▽机等家具類の消毒については、表面だけではなく、側面、一部裏面にも注意する。

▽有効な界面活性剤等を使用し顧客が自身の衣服を消毒できるような環境を整備する。

▽顧客が客室内で気になる箇所を消毒できるよう、消毒用（除菌用）シート等を設置する。

▽館内レストランの入店時に、顧客の上着や鞄を預かる。顧客の私物に触れたスタッフは即座に手指消毒を行う。

▽テーブルクロスを使用している場合は、消毒が困難であることから、クロス使用を停止し、顧客使用の都度テーブル消毒を徹底する。

▽使用後のテーブルや椅子等に関する消毒については、表面だけではなく、側面、一部裏面にも注意する。
▽バックグラウンドBGMの音量にも注意する。
▽顧客自身が食事前に自由に消毒できるような環境を整える。
▽室内を「グリーンゾーン」と定義し、室内には新型コロナウイルス汚染の可能性がある鞄や上着を持ち込まないようにすること、クロークで預からない場合には顧客の上着や鞄用の籠等を設置すること等。

出所：「サクラクオリティ安全行動基準（新型コロナウイルス感染症拡大防止用ガイドライン）、第43版、https://www.sakuraquality.com/」より抜粋

⑶　客室清掃スタッフの教育

　宿泊施設が強化すべき感染症対策の3つ目のポイントは、感染症に対して十分な知識を有する人材の育成と確保です。利用客や地域の人の安心・安全のための感染防止対策の「見える化」という観点からも、とりわけ客室清掃体制が重要です。

　宿泊施設の品質を評価する筆者の目からみて、好印象を受ける客室清掃は以下のとおりです。

・未使用と思われるグラス類もすべて回収し洗浄している。
・客室清掃担当者と消毒担当者を分けている。
・次の顧客が触れるリネン類等に触れる場合には、消毒ずみの手で作業を行うこと（ビニール手袋を着用し、ゴミ等の処理を先にしている場合は、手袋を取り換えている）。
・客室内部とバスルーム作業を複数人で分担し、効率的に作業を行っている（1人の清掃員が短時間で作業を終わらせようと急いでいるうちに、マスクもしていることから息が上がってしまう場合もある。運悪くウイルスに汚染された部屋である場合には、非常に危険である）。
・消毒では、一方拭きが徹底され、また十分な量の消毒薬を使用している（濡れたタオルを使用しない。タオルに消毒薬を吹き付けて作業しない。消毒対象部位に十分な量を近距離から吹き付けるのが適切な方法）。
・ビニール手袋を着用するスタッフ、着用しないスタッフそれぞれに対す

る作業手順等を明確に設けている。

・消毒拭き取り用リネン類は、常に乾いた状態のものを使用している。

・床の清掃については、目立った汚れやゴミはほうきと塵とり、もしくは粘着性カーペットクリーナー等で除去し、掃除機の使用は最小限としている。

・清掃用カートを収納するバックヤード等では、二酸化炭素計測器を設置し換気状況を確認している。

　一方、ルーティーンワークであっても、ちょっとした手順の違いで、感染リスクは大きくことなります。本付章の締めくくりとして、ウィズ・コロナ期における客室清掃スタッフが心がけたい点を図表Ａ２-４に示します。

図表Ａ２－４　ウィズ・コロナ期における客室清掃スタッフの注意点

1．清掃用ユニフォームは、ユニフォームの上に①エプロン、②マスク、③眼鏡やフェイスシールド（着用する場合）をつけ、最後に④ビニール手袋の順で着用する。
　　外す順番は、①ビニール手袋、②眼鏡やフェイスシールド、③エプロン、最後に④マスクである。手袋は手首より先以外の部分の皮膚に直接触れないようにする。手袋の内側が表になるよう静かに外し、外し終わった手袋を、手袋をしたほうの手のなかに丸める。手袋を外した手の指先を、もう一方の手袋の内側に差し入れ、そのまま引き上げるように外す。こうして一かたまりとなった２枚の手袋をそのまま廃棄する。
　　その後の手洗いでは、爪で手のひらをかきだすように爪の中も丁寧に20秒以上石鹸等で洗浄した後20秒以上十分に洗い流したうえで、手指の消毒を行う。
　　ゴーグルやフェイスシールドは、外側表面が汚染されている可能性があるため、ゴムひもやフレーム部分をつまんで外す。エプロンは、エプロンの上半分を前に垂らし、エプロンの表面に触れないように、エプロンの裾を内側に向けて折りたたんだ状態で腰ひもをとる。マスクは表面に触れないようにゴムひもをつまんで外し、廃棄する。

2．ビニール手袋を着用する場合、手のサイズに合致したものを使用すること（蒸れる為等の理由から手より大きなサイズを着用すると、ズレて、何度も手首から位置を調整する必要がある）。

3．作業時に、決して作業した手で直接顔を触らないこと（眼鏡等をしておくことが望ましい）。

4．長袖シャツ等を着用し、腕の皮膚が露出しないようにする。

5．ゴミ袋内部のものを直接触らず、外に出さない。ゴミ仕分け等は換気のよい場所で行い、袋を密閉する。

6．マスクは、原則としてサージカルマスクを着用の上に布マスク等２重とする。また、耳に掛けるのではなく、後頭部でしっかりとめる機能を有するものを使用する。マスク着用時に頬の横の部分や鼻の部分に隙間がないことを鏡で確認する。

7．使用ずみタオルやシーツを移動させる場合は、ウイルスが付着しているかもしれないこと想定して、埃が舞い上がらないよう、慎重に取り扱い、ビニール袋で即座に密閉する。

8．シーツを剥がした後、中身の羽毛布団や枕に汚れがないか確認すること。汚れがある場合は、慎重に交換すること。

9．シーツなど洗濯ずみのリネン類を布団や枕にセッティングする場合も、埃等を舞い上げないよう慎重に行う。
10．清掃のために客室に入る際にはバスルーム扉も開放し十分に換気する。
11．換気ができている環境（顧客退出後概ね3時間以上が経過しているか、窓等が開放されている状態）で作業を行う。
12．作業時使用する拭き取り用タオル等は、エプロンの腰ひも等に掛けると、ユニフォームにウイルスが付着する可能性があるので、ユニフォームと作業用タオルは離して持ち運ぶ。
13．清掃や消毒時に使用するタオル等は床に触れさせないようにする。
14．掃除機を使用する場合は、ドアを開け、十分に換気できた環境で行う。
15．清掃用カートは、汚染されている可能性があることから、界面活性剤等で毎日消毒する。運搬中の汚れたリネン類等が埃等を舞い上げないよう、カートにはカバーをする。
16．清掃用カートから汚れたリネン類等を出すバックヤードも、十分に換気を確保する。
17．清掃時着用ユニフォームは使用のつど洗濯に出す。
18．清掃作業終了後、ユニフォームから着替えたら手指消毒を徹底して行うこと（石鹸での手洗い20秒以上、すすぎ20秒以上、その後エタノール等で手指消毒を励行する）。

【著者紹介】

北村　剛史 （きたむら　たけし）

株式会社日本ホテルアプレイザル　代表取締役
株式会社サクラクオリティマネジメント　代表取締役
一般社団法人観光品質認証協会　統括理事
不動産鑑定士、MAI（米国不動産鑑定士）、CRE（米国不動産カウンセラー）、
FRICS（英国ロイヤル・チャータード・サベイヤーズ協会　フェロー　英国不動産
鑑定士）
慶應義塾大学大学院システムデザインマネジメント博士後期課程単位取得退学
2000年株式会社谷澤総合鑑定所に入社。2006年株式会社日本ホテルアプレイザル
に出向しその後同社に移籍。2011年株式会社サクラクオリティマネジメントを設
立、代表取締役所長に就任。2013年文部科学省国立青少年教育施設の組織・制度
の見直し等の基本調査委員。2014年株式会社地域経済活性化支援機構外部シニ
ア・アドバイザー。2016年一般社団法人観光品質認証協会統括理事。2017年一般
社団法人宿泊施設関連協会常任理事。2019年国立研究開発法人国立がん研究セン
ター宿泊施設審査委員。2022年観光庁「新たなビジネス手法の導入による宿泊業
を核とした旅行サービスの提供促進に向けた実証調査」の審査委員ほか。
国内および海外の宿泊施設調査（宿泊施設不動産鑑定評価、マーケット調査、各
種コンサルティング、覆面調査）、観光圏・DMO等との宿泊施設共同品質認証等
に携わる。宿泊事業者、金融機関、ホテル旅館投資家向けセミナー講演は年間77
件に及ぶ（2006～2022年平均実績）。

ホテル・旅館業再興
—ポストコロナの経営戦略

2023年3月7日　第1刷発行

著　者　北　村　剛　史
発行者　加　藤　一　浩

〒160-8520　東京都新宿区南元町19
発　行　所　一般社団法人 金融財政事情研究会
企画・制作・販売　株式会社きんざい
出　版　部　TEL 03(3355)2251　FAX 03(3357)7416
販売受付　TEL 03(3358)2891　FAX 03(3358)0037
URL https://www.kinzai.jp/

校正：株式会社友人社／印刷：三松堂株式会社

ISBN978-4-322-14186-3